最上のおもてなし 4

SODO
草土出版

CONTENTS

Photograph   Mayuka Vermeulen

Table Coordination   Mai Brodersen

日本独自の文化である「おもてなし」の語源のひとつは、「表なし」だと
聞いたことがあります。裏表がないという意味で、裏表のない心でお客
様をお迎えし、できることを精一杯する気遣いのことだそうです。言われ
てみれば、お正月のおせちから大晦日の年越し蕎麦まで、日本には食卓
を囲む伝統行事が一年を通して数多くあり、そこにはいつも心のこもった
お料理と、そのお料理をおいしく食べていただこうとする、作り手の気遣
いがあったことに気づきます。

食事は私たちの体だけでなく、心もつくります。食材が健康な体をつくり
あげ、美しく食事をする時間が豊かな心を育み、人生を素敵にします。

お客様が笑顔になってくださったときが、私にとっての"最上のおもてなし"
の瞬間だと思っています。

阿部真澄美氏　本文から抜粋

Photograph/Table Coordinaition
Junko

心を掬ぶこと
むす

たった一滴の水も、心を尽くしたおもてなしになることがあります。

長い歴史を振り返れば、そこには多くのおもてなしの場面がありました。

豪華絢爛なヨーロッパ伝統の王のおもてなしから、日本の茶室で行われる自然と対峙するもてなしもあります。

いずれも言葉にできない何かを伝えること、人と人の心を掬ぶことなのです。

木村　ふみ　Fumi Kimura

食環境プロデューサー
東京に生まれる。大学で美術史を専攻、卒業後同研究室助手。後、ニューヨーク、ロンドンにてフローラルデザインを学び、続いてテーブルセッティングおよびカラーコーディネートを学ぶ。国内外のホテルやレストラン、旅館、料亭等のテーブルトップコーディネートをはじめ、コンサルティング、空間装飾・演出等を多数手掛ける。また、伝統産業のプロデューサーとして日本各地の伝統工芸品産業に深く関わる。2000 年九州・沖縄サミットの際に首里城で行われた首相主催の夕食会（首里城晩餐会）、2019 年大阪開催の G20 ではテーブル装飾を企画制作。現在ではテーブルトップに留まらず、ホテル・レストラン等の空間プロデュース、各種パーティーやイベントのプロデュース、アートプログラムのプロデュース、テーブルウエアメーカーの商品企画開発・コンサルティングおよびディレクションなど、企画・デザイン・アートディレクション等を含むトータルな食環境プロデューサーとしてさまざまな分野で活動中。株式会社エデュウス・代表取締役 / 株式会社ユーアイ・代表取締役会長 / 株式会社ジオクラフト・代表取締役。
www.educe-co.jp

想いを「カタチ」に

日本の器と西洋の器との大きな違いは、日本は器の多く
を手で持ったり掌にのせたりと直にふれることです。

昔から「身巾物」などと呼ばれる、身体に合わせたサイズ
のお盆や手に合わせた椀のサイズなどがあります。手に触
れることは、手ざわりの味わいも、またおもてなしの一つ
と考えたからなのでしょう。ほど良い量であったり、ほど
良いサイズが、おもてなしの心に通じる大切な要素とされ
ました。例えば、薄手の盃でいただくお酒と土物のたっぷ
りとしたサイズの盃とでは、味わいが違うと言います。磁器、
陶器、漆器、ガラスなど、豊富な素材を活かし、工夫す
ることで日本の工芸は食卓をより豊かなものにし、おもて
なしに大切な会話のきっかけを作る役割を果たしてきたの
です。

器にほどこされる文様も大切な要素です。「松・竹・梅」
の文様は「歳寒三友」と言われ、冬でも美しい姿と色、
香りをはなつ植物です。常緑の松や生命力の強い竹、高
貴な香りをはなつ梅は、平安の頃より雅な世界で好まれ、
今日まで受け継がれてきました。お正月や祝いの席などで
使われますが、この文様が登場することで人々はおめでた
いおもてなしの心を汲み取るのです。食卓における器の役
割はとても大切。器の形や文様、素材などすべてが、お
もてなしをする側とおもてなしを受ける側の間で、静かに
密やかに行われるやり取りのツールなのです。言いかえれ
ば、おもてなしを受ける側は用意する側の心を読みとり無
言のうちに心をかよい合わせるのです。

「おもい」と「かたち」にすることも、おもてなしの大切な役
割なのです。

和の美しさを世界に

日本は「お米と水の文化」です。人々は五穀豊穣を願い、神々の力をいただいて一年の実りのために力を合わせて田を耕すのです。その大切なお米をはかるのに使われるのが枡。一升枡をかたどった四角いお重は「枡重」と呼ばれ"枡"と"増す"をかけてますますの繁栄を願い生まれた「カタチ」です。

蓋には四季の花々を丸文におさめ、角が立たないようにという思いを表わしました。日本の工芸にはそれぞれの「カタチ」や「文様」に意味があります。「枡重」という「カタチ」、丸文という意匠、そこには日本の暦から生まれた行事や四季の移り変わりがあり、蓋があることで開けたときの驚きが生まれます。日本人の季節を大切にする思いは、さまざまな美しい「カタチ」を生み、季節ごとに行われる行事は器や料理、しつらいまで多くの決まりごとを生み出してきました。外国からのお客様をお迎えするとき、蓋のある器は大変効果的です。例えば松花堂弁当のような一見ただ真四角な黒い箱が、蓋を開けると季節の料理が美しく盛られている様は、まさに驚きの美学。蓋の上に一輪花を置けば、さらに季節感を演出することができます。

和の器の持つ削ぎ落された美しさと、ときに華麗なまでの華やかさ、そのどちらにも共通する基本の考え方は「神人共食」という神と共にいただく喜びの表現なのです。四季折々の変化と、そこから生まれた様々な行事の為の器。日々のいとなみの中で自然の小さな変化に心をとめ、文様にも物語を生み出す日本の美意識がそこにはあるのです。

言祝ぎの食卓

「言祝ぐ」とは本来お祝いの言葉を意味しますが、食卓の設えで、その心を伝えます。菱をいくつも重ねた文様のクロスに「切溜」のお重に花を活けセンターピースとします。グロリオーサ、アマリリス、ダリア、そこに十草とジャスミンを使って赤・白・緑のアレンジとしました。黒に金縁の洋皿に朱縁の和紙を「吉」の型折に敷き吉祥文のお皿を重ね位置皿にしました。朱塗りの器と揃いの小皿は、パン皿とし和洋折衷の食卓を設えます。喜びを「重ねる」ことで表現し、日本の伝統美としきたりを加え、客迎えといたします。

金沢箔
「茶箱」

昔から「桐」という材は虫を寄せつけないことから桐ダンスなどに
使われてきました。虫よけから厄をよけるという発想と結びつけ、
ダイニングテーブルの上における茶箱を作ってみました。昔、日本
の茶の間に欠かすことのできなかった茶櫃の現代版です。ティー
バックやペーパーナプキン、ときには小菓子などもセットすることが
できます。表は北欧モダンにも通じるシンプルな白木の箱、蓋裏
に金沢箔で加賀小紋をアレンジしました。裏側にデザインすること
で日本の器美学を感じることができます。

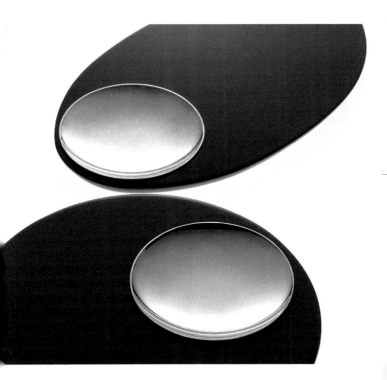

輪島塗
「トレー」

輪島塗の器は、その卓越した職人技から生まれる美しさと堅牢さ
で有名です。木地師、塗師、蒔絵師など、それぞれ分業の中か
ら競い合う技術と歴史があります。一見シンプルに見えるこのト
レーは、円を中心からずらして彫る難しさは、仕上がってみると他
に類のないシャープさとモダンさを生み出してくれました。そこに新
潟県燕三条でしつらえた銀のトレーを合わせました。オードブルを
のせたりデミタスにプティフル、天婦羅にお塩、お寿司に手塩皿な
どバリエーションを楽しみます。

金沢漆器
「12ヶ月盆」

A3の紙に12ヶ月の盆の「カタチ」を考え、それぞれにストーリー
を付け、現代風の四季を表してみました。たとえば一月は美松盆、
三月は扇盆、十二月袴盆と12ヶ月それぞれの「カタチ」と物語は、
テーブルの上のトーキンググッズとしての役割をはたしてくれます。
四季の変化や自然の中の小さないとなみに心を寄せ、共にくらして
きた日本人は様々な美しい「カタチ」を生み、そこに物語や意味
を見い出してきました。現代のくらしの中にも、そのストーリーが
生きつづけているのです。

九谷焼「煎茶碗」

九谷焼は石川県を代表する伝統工芸の一つですが、15世紀半ばに前田利治の命で九谷村に窯が築かれたことからはじまります。装飾的な色絵磁器は海外にも人気があり輸出九谷と呼ばれ、世界へ広まりました。その歴史から小ぶりの湯飲みを作ってもらい、文様もシンプルに単彩か三彩までとしました。サイズ感から茶托にのせて煎茶をお出ししたり、ときにはデミタスとしてエスプレッソを楽しんだり、小さな茶碗蒸しや珍味入れなど、とても便利です。

小田原木工「カップ・盃」

小田原市は古くから東海道の宿場町として栄え、寄木細工や木工が伝統工芸として有名です。その木工の技術を使ってぐい呑や、ウォーターカップを作っていただきました。ぐい呑みはお酒はもちろんですが、いくつか並べ薬味入れや珍味入れにしたりと、木工であるからこそ、使い方のバリエーションが生まれます。小ぶりのカップは、クウェカーデザインのようにシンプルで、外連味（けれんみ）のない手になじむ優しさがあります。

江戸銀器「箸置」

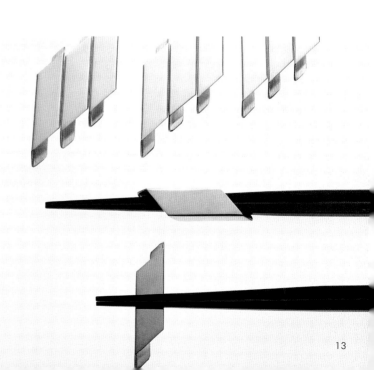

箸は本来中国や日本などアジア独特のものでしたが、最近では洋食にも箸を添えたり、箸置の発想から生まれたナイフ・フォークレストなどが見られるようになりました。日本の箸置は本来自然の小枝や花を一枝箸にそえたり、和紙や水引などを使いますが、今までは季節ごとにさまざまな形のかわいいものが増えてきました。この銀の箸置きは、洋食のセッティングに使える物と考えシンプルにモダンなイメージで作っていただきました。カトラリーと併用したときにスッキリとまとまりとても使いやすいひとつです。

Art Setouchi
Fusion of space and table coordination

テーブルコーディネートとは、大切なゲストを招いて、一緒に食事をするコミュニケーションツール。

いつ、どこで、誰と、どんな食器で、食卓を彩るかが重要。

あくまでテーブルコーディネートは脇役にすぎません。

主役の器がより際立つよう、その席に座る客人が居心地のよいときを過ごせるよう……。

シンプルにさり気なく、空間と食卓を融合させていきます。

瀬戸内の作り手の思いを語らぬ器に重ねて見ました。

西村 浩子　Hiroko Nishimura

食空間コーディネーター、インテリアコーディネーター。
神戸スタジオエムデザインアカデミーにて、ディプロムを
取得後、香川県高松市にてテーブルコーディネートセミナー
『se ra sezon』を主宰。TWF などのコンテスト受賞歴多数。
家具・住宅・商業施設企業ディスプレイ。現在、食器のサ
イト「テーブルライフ」とのコラボ企画で、全国の窯元・作
家の器を使った、コーディネート提案を SNS で発信。

serasezon.com

Photograph
fujii photo studio　teruhito fujii

『誕生』

Birth

ガラス作家の工房で、作品を使ってテーブルコーディネート。
作品作りをしている工房は、まさに魂が産まれる場所。
ひとつ、ひとつの器に心を込めながら、ガラス玉に命が吹き
込まれていきます。
夏場になると工房の温度は跳ね上がり、額の汗が滴り落ちる
様は、いつ見ても胸の奥が熱くなります。仕事の後、お疲れ
さまの乾杯ではじまる食事は、仲間で過ごす格別な時間。

瀬戸内ブルーの庵治ガラスにキャンドルで、夜の食卓へ。
いつもの爽やかなイメージから、温かい落ち着いた食卓
を演出。
同じプレートを使っていても、食器の組み合わせやテー
ブルリネンの色使いによって、さまざまな顔を見せてくれ
る器たち。
ふとした思い付きや新しい発見は、テーブルスタイルを
考える上で大切な要素。
コーディネートの構想がどんどん湧き出て、次回の招待
メンバーが楽しみになる瞬間です。
駆け上がった階段の踊り場から眺めた、幸せな食卓の
風景。

『変化』

Changing

『再生』

Regeneration

古い邸宅をリノベーションした空間で、ガラス
食器と花で織りなす饗宴。
昔、家族で過ごしたリビング。今は、ホテルの
くつろぎの空間として使われています。
シンプルなテーブルに窓から覗く、透きとおる青
き空のランナーを一枚。
訪れるどんな客も、ほっとできる食卓コーディ
ネートは際限までシンプルに。
旅の思い出とともにそれぞれが、自分自身のテー
ブルを描けるようにと、
花言葉にもてなす気持ちを秘めながら……

いつの時代も変わらず、咲き誇る日本の桜に願いを込める日。

激動の2020年。ゆっくりと心豊かに花を愛でる時間もなかったように思えます。

美しい桜の下、せめてお茶をいただく間ぐらいは、穏やかなときを過ごしませんか?

自然の中にテーブルを置き、互いの存在価値を確かめ合う。

当たり前のことの大切さに気付かされる。

「ありがとう」声に出して伝えたいお礼の言葉。

「こちらこそ」あなたから言われる至福の言葉。

『不変』

Permanent

伝統を愛で　日々の食卓を豊かに

　日本には素晴らしい伝統文化や食卓の設えがたくさんあります。2013年には和食がユネスコの世界無形文化遺産に登録されるなど、日本の伝統的な食文化に世界の関心が寄せられています。しかし、近年、食の欧米化により、伝統的な行事食は廃れつつあります。また、和食に不可欠な和食器の製造も商業的に厳しい状況にあるようです。

　仕事を通じて和食器の作家さんと接する機会も多いですが、手間暇を惜しまぬ手仕事の魅力を感じます。和食器は一つずつ心を込めて作られた伝統工芸品です。洗練された工芸品である和食器を用いて、日本では古来より彩り豊かな食卓を楽しんできました。

　私はそうした日本の伝統文化の魅力を、テーブルコーディネートを通じて世界中に伝えていきたいと思います。そして、相手を敬い思いやる「おもてなし」の気持ちで、特別な非日常だけでなく、日常でもゆとりが感じられる食空間を提案していきたいと考えます。

菅生美希　Miki Sugao
食空間コーディネーター

「美器 BIKI ENSEMBLE」主宰。和食器の魅力を引き出す「和モダンのテーブルコーディネート」に魅了され、自宅サロンやカルチャースクールにてテーブルコーディネート教室を開催する。百貨店やギャラリーでの作品展示、高校での講師など幅広く活動。また、日本の伝統的な食文化を次世代に伝えるため、食育、卓育にも力を注ぐ。テーブルウェアフェスティバルにて3年連続入賞。2018年 経済産業大臣賞受賞。

www.biki.jp

Photograph
Ichirou Sugao

Flower
Isamu Takaha

笹の節供　〜 夜空に浮かぶ天の川 〜

暑い夏の夜、夫婦で七夕を過ごします。子供が巣立ち短冊も書かなくなったこの頃は星を眺めての晩餐。越前和紙で天の川を表現し、グリーンで涼しさを演出する夏のコーディネートにしてみました。献立は行事食である素麺やちらし寿司、笹団子が食卓を彩り、厄除けも忘れません。家族の幸せと、この夏を元気で乗り越えられるよう星に願います。

Point
伝統工芸士が手がけた手すき和紙は、シックで自然な動きが感じられるためモダンなコーディネートと相性が良いと思います。和紙を引き立てるガラスの器やアクリルのお重をあしらって夏を表現しました。料理の盛り付けも工夫すると食卓が引き立ちます。

観梅の宴　〜 梅に春の訪れを感じて 〜

春の訪れがほんの少し感じられる頃、梅の花を楽しむ女子会を催しました。女流作家の手による九谷焼の器の絵付けでも梅が満開という趣向を凝らします。春の訪れを実感しつつ食前酒で乾杯。旬の食材を使った和食でランチを楽しみます。素敵な食器も話題に上げつつ女子トークにも華が咲きました。

落ち着きある色味なので、料理は春色を添えて華やかに演出しましょう

山桜の絵柄にトルコブルーの鮮やかな角皿はお皿だけでも目を愉しませてくれます

小瓶のお酒を氷で冷やしてクーラーとしても。花を水に浮かべて涼しさを演出しても

全体的に器が華やかなため、料理は控えめに盛り付けると器との調和を愉しめます

ハレの宴席に　〜 我が家のお正月 〜

前日からおせち料理を作って家族で迎えるお正月。母のふるさと
会津の郷土料理「こづゆ」も用意して「ハレの日」にいただきま
す。蒔絵を施された会津漆器をメインに、母の実家をイメージし
たコーディネート。新しい年を家族で迎えられる喜びと、家族み
んなで食卓を囲んで語らうひととき。一年のスタートに最高の食
卓となるはずです。

重陽の節句 ～菊を愛でながら～

長壽を願い、菊の花びらを浮かべたお酒を酌み交わす重陽の節句。祖母の卒寿祝も兼ねて、紫をベースにコーディネートしました。食が細くなった祖母には大好きなお稲荷さんと魚介料理でもてなします。ひ孫に囲まれにっこりしている祖母。まだまだおばあちゃん孝行をさせてねと心で願います。

Point
会津漆器の塗椀とゴールドの器を使い、手元に紫のナフキンと菊を添えました。落ち着いたカラーでコーディネートし、皿と花器の形状を丸で統一することで一体感を出しています。長寿祝いなので大人の食卓に仕上げて、ゆったりとした時間を演出しました。

蓋物はおもてなし感が増し、蓋をあける楽しみもあります

Silver Wedding 　〜 25 年目の記念日〜

めでたく銀婚式を迎えることができました。有田焼の器をメインにプラ
チナとゴールドのゴージャスなコーディネート。家族で祝いの晩餐です。
ローストビーフやサーモンのマリネなどの料理にワインで乾杯します。
長いようで短かった２５年。主人からも「ありがとう」の言葉をプレゼ
ントしてもらいました。子供たちもお酒を飲める年齢となり、親子でお
酒を楽しむひととき。至福の時間が流れていきます。

Point

メインの有田焼は、職人が一枚
ずつ作り上げた優雅な器。銀婚
式がテーマなのでシルバーゴー
ルドのお皿をメインに、華やか
な赤と橙のお花を飾りました。
お重箱も白を使い、シンプルな
がら華やかなテーブルに仕上げ
ています。

ガラスとアミューズスプーンは金色で揃えてお祝いのアクセントカラーに

ナプキンを薔薇の形に折り、トレーとしてコーディネート

皐月晴れに感謝を込めて　〜 父の日 〜

青空が広がり心地よく感じられる梅雨の中休み。日頃の感謝を込めて両親をディナーに招待しました。雨が多い季節、テーブルだけでも爽やかにと、藍と白の爽やかな色合いでスタイリッシュにまとめました。父の好きなワインをプレゼントして乾杯。料理はワインに合わせました。両親の笑顔を見ながら弾む会話、そんな穏やかな時間が私の宝物です。

センターのお花と同じ緑を選択し、シンプルな器に華やかさとの統一感を

あえて蓋を交換してモノトーンでの演出

マンハッタンのビル群を眺めながら
ルーフトップテーブル

NYにそびえ立つビル群とともに送る生活がス
タートした当初は、その存在感に圧倒される
日々でした。そんな自信に満ち溢れた街の姿に、
行き交う人々のエネルギーを明るく包み込むイ
メージを重ねて生まれたテーブル。この街に見
合う生き方が私にもできますようにと願いなが
ら、タイムズスクエアからほど近いルーフトッ
プにて……。

Point

イエローグリーンとホワイトを
ゴールドでまとめた明るいコー
ディネートは、ビル群のスモー
キーカラーとのコントラスト
で、ぐっと引き立ちます。まる
でマンハッタンの光景がテーブ
ルに広がるかのように、アイテ
ムたちがスッと真っ直ぐに背筋
を伸ばしています。

世界の空に広がる
テーブルコーディネート

ロンドン・ニューヨークに活動拠点をおき、テーブルコーディネートの楽しさをたくさんの人とシェアしたいという思いからレッスンをしています。

現代のアイテムだけではなくアンティークやヴィンテージものをテーブルウェアに使い、ヨーロッパの生地を和テイストのテーブルクロスとしてアレンジしたり、日本の陶器とアメリカブランドを共演させるなど、欧米の世界観と日本人マインドがコラボするワールドワイドな存在感を、いつも目指しています。

また、そんなグローバルな発想のもとに生まれたコーディネートたちは、バラエティーなアイデアに溢れます。クラシカルでもモダンでも自由自在にスタイルを変え、ビビッドカラーにもニュアンスカラーにもと色選びには遊び心がいっぱい。日常からおもてなしまであらゆるシチュエーションに対応するよう、変幻自在・縦横無尽なテーブルコーディネート群をご提案してみました。

テーブルで世界を駆け巡る。マンハッタンのビルを従え、ロンドンの晴れ間に佇み、ハドソン川を臨んで……外国の空の下で明るくのびのびと展開されたテーブル作品をお楽しみいただければと思います。

じゅんこ　Junko
Table C'est JOYeux テーブルセジョワイユ

テーブルコーディネート教室・Table C'est JOYeux
〜テーブルセジョワイユ〜をロンドンでスタートし、現在は NY マンハッタンにて、レッスン開催。イベントやパーティー主催・コラム執筆など活躍中。実践スタイルのレッスンは、在英・在米の日本人から支持を得て、毎年年間50を超えるレッスンをおこなう。ヨーロッパやアメリカのテイストから和洋折衷まで、またクラシカルからカジュアルまでと、得意とするコーディネートは多岐に渡る。

www.table-cestjoyeux.com
Instagram　table.cestjoyeux

大理石テーブルにモノトーン＆メタリックでNYモダン

NYに移り住んでからすぐに購入したホワイトマーブルのテーブル。マンハッタンにぴったりのそのイメージが嬉しくて、テーブルトップの大理石をそのまま活かしたコーディネートを、よく楽しむようになりました。この街出身のテキスタイルブランド・chilewichのマットやコースターたちが、NYモダンなテーブルに華を添えてくれます。

Point

スクエア皿やグラス、まっすぐなナプキンやランナーを活用し、直線ラインを強調。そして、石の質感とゴールド＆シルバーやモノトーンの無機質感で、モダンな雰囲気を演出しました。抑えたベースの色味に、ダークパープルのCallaリリーがアクセントとなっています。

フェイクレザーの黒ランナーは、石のテーブルトップと相性抜群

英国 in NY
ハドソン川を臨むシャンパンアフタヌーンティー

NYにいながらロンドンを思い出すことも。そんなときには、アメリカと
イギリスのコラボテーブルを作りたくなります。イギリスと言えば、ア
フタヌーンティー。向こう岸にはニュージャージーが見えるハドソン川
をバックに、発着場のクルーズ船を眺めながら、ベランダでのシャンパ
ンアフタヌーンティーテーブルです。

英国テイストの赤い薔薇とポットをコラボさせたセンターピース

朝陽ふりそそぐ庭で　ブランチ in ブルー

ロンドン時代には、庭のある家に住んでいました。お国柄、太陽がのぞく週末があるとしたら、それはとてもラッキーなこと。そんなタイミングは逃さず、庭でブランチを楽しみます。朝起きたらマーケットにくり出し、パンと季節の花を手に入れて、フルーツとコーヒー、そして簡単にテーブルをコーディネートしたら、いざブランチのスタート。

コーヒー・紅茶どちらも OK… 贅沢デザートテーブル

お天気の良い日にベランダでディナーをすることが増え、そんなときには家の中にデザートテーブルをあらかじめ準備しておいたりもします。この日は6人での食卓。みんなの好みがそれぞれであることを想定し、コーヒーにも紅茶にも対応できるよう両方をセット。テーマカラーもオールマイティーなグレージュが活躍してくれました。

Point

カップ&ソーサー、ケーキ皿、ナプキンやリングと、色も形も6人さまざまに入れ替えて遊んでいます。アイテムが6個揃っていないときに、それを逆手に取り2個や3個を互い違いに使うことで、コーディネートに楽しさが生まれ深みまでも増す…私の大好きな手法です。

大皿をデザートビュッフェ仕様に。iittala のキャンドルホルダーと

和柄でシンプルモダンに
男性ゲストをお迎えするテーブル

主人がお連れする同僚の方々をお迎えすることも多い夕陽差す時間帯には、男性陣のためのテーブルを登場させます。和柄のような藍色クロスには、笹を思わせるルスカスを合わせて、男性浴衣のような趣きを作り出してみました。夕陽の光が摩天楼の灯りに変わる頃まで、尽きぬ話に花が咲く都会のシンプルモダンなテーブルです。

Point

刺繍のドットで作られている円模様が魅力のクロスに合わせて、マットやプレート・ディップボウルなどで、たくさんに円を描いてみました。男性の好みを尊重し、シルバーを基調に寒色カラーで展開。できるだけ装飾を削いだコーディネートです。

大人ピンクの魅力
フレンチシッククロスのエレガントなテーブル

ロンドン時代の生徒さんたちからプレゼントしていただいたモーブカラー刺繍クロス、そしてダマスク柄ランナーは、どちらもパリ出身生地のハンドメイド品。これらにインスパイアされ、ヨーロピアンなイメージのテーブルができあがりました。現代とアンティークとのアイテムたちのコラボにて、時代をまたいだコーディネートです。

Mai Brodersen
Culinary table consultant

Lives with her Danish husband and two children in Singapore.
Currently providing culinary table styling lessons to over 100 Japanese women every month. Certificated as a cooking instructor and culinary table consultant. Member of the International Cooking Club Singapore (4 years). Classes focus on a fusion of Scandinavian and Japanese cooking and artistic decor. Contributed Japanese recipes to "The Red Dot Melting Pot" cookbook.

Photograph
  Mayuko Vermeulen / Erik Brodersen

食卓から hygge を広めたい

食卓に、生活の中に hygge を、そして喜びを。
世界一幸福度が高い国と言われる、主人の出身国デンマーク。それは生活水準が高く社会福祉制度が充実していることの他に、hygge（ヒュッゲ＝心地よい、の意味）を大切にする国民性にあります。

家庭では居心地を一番大切にし、最小限の好きな物に囲まれ、自然を愛し、大切な人たちとの時間をゆったり過ごすことに何より重きをおきます。
私もデンマークで生活するうちに、日本で外に向かっていたエネルギーが自然と内へ向かい、居心地のよい空間を作ることの楽しさを知りました。

特に生活の中で大きな部分を占める食空間から hygge をお届けし、毎日の生活の中に心地良さを取り入れるお手伝いができたら幸せです。

昔から、人に喜んでもらうためにはどうしたらよいかと考えることが大好きでした。今でも家族との日常生活ではもちろん、レッスンやプライベートで大切な方をお招きした際に「わぁ素敵」と喜んでいただけるのが何よりも私の原動力です。

心地良い空間の中で共に楽しい時間を過ごせることに感謝して、その気持ちを自分らしいコーディネートの中にこれからも入れていけたらと思います。

ブローダセン麻衣　Mai Brodersen
FSPJ フード＆食空間プランナー

FSPJ 認定サロン hygge 主宰。外資系 CA として働いた経験から、おもてなしや世界各国の料理に興味を持つ。デンマーク人の夫と結婚後コペンハーゲンに住み、北欧のインテリアやテーブルコーディネートに魅了され、北欧スタイルの食空間を主軸として活動中。大手料理教室講師の資格を持ち、世界 75 カ国の多国籍メンバーから成るクッキングクラブ ICCS に 4 年間所属。企業向けのスタイリングも手掛ける。レシピ本 "The Red Dot Melting Pot" に日本食のレシピを掲載している。シンガポール在住、二児の母。

www.maihygge.com
Instagram maihanakibrodersen

北欧の春の訪れを家族で楽しむ

長い冬が終わり、待ちに待った春が訪れると北欧の街は一斉に春めきます。冬が長い分、春の訪れを今か今かと待っていた様です。
生命力を感じる水栽培の球根や季節の花を使用し、気持ちも軽やかになるランチテーブルを。ロイヤルコペンハーゲンの食器は異なる数種類を使用し、コーディネートに遊び心をプラスして。
北欧らしいシンプルな心地よさを大切に、旬のお料理で春の彩りを添えて、家族で hygge な午後を過ごします。

─── **Menu** ───

● エルダーフラワーカクテル
● 季節の野菜のバーニャカウダ
　味噌風味
● 赤ピーマンのムース
● 帆立のグリル
　オレンジとミントのソース添え
● バジルおこげ
● パッションフルーツクリームチーズケーキ

Point

Costa Nova のお皿とロイヤルコペンハーゲンの二種類の異なるお皿を合わせ、まとめすぎないことでコーディネートに抜け感を。リネンのテーブルクロスとナプキンで春らしさを、旬の食材を使用した赤パプリカのムースと味噌風味のバーニャカウダが華を添えています。

BORGO のリネンナプキンはカトラリーと共に無造作に結んで

赤ピーマンのムースにはエディブルフラワーを飾り、彩を

スープ皿にプリザーブドの苔を入れ、球根をプラス

サンタマリアノヴェッラのキャンドルも春色をチョイスして

サマーハウスでの週末ブランチ

海辺のサマーハウスにて、気のおけない友人家族との週末ブランチ。サマーハウス（別荘）は日常生活から抜け、誰もがリラックスできる場所です。裏庭に咲くグリーンを無造作に生け、手軽に用意できるワンプレートで肩の力を抜いて楽しめるテーブルを。スカンジナビアの伝統クリスプ、自家製ハーブバターなど我が家の定番料理を用意して。子供達も気兼ねなく一緒に囲めるテーブルで、賑やかで楽しい週末の朝をスタートします。

Menu

- スカンジナビアン　クリスプ
  チーズディップ添え
- カリフラワーピクルス
- キヌアサラダ
- スカンジナビアン　ライブレッド
  ハーブバター添え
- シーフードチャウダー
- アップルクランブル バニラソースと共に
- イチゴ風味のコルスコゥ
  （スカンジナビアのミルクドリンク）

Point

グリーンを生けた小さめの花瓶をバランスよく並べ、にぎやかな朝を演出。ソストレーネ・グレーネのドリンクボトルや、デンマークの職人さんの手作りウッドボードで手軽にカフェ風に。IKEA のカーテン生地で作ったリネンのテーブルクロスは普段使いにぴったり。

デンマークで購入した手作りの陶器の花瓶をセンターに

チーズディップとハーブバターは weck の保存容器に入れて

ミニマリスティックなキャンドルホルダーは義母からのギフト

ストウブの 12cm は 1 人分の盛り付けにぴったりのサイズ

45

親族で囲むクリスマスディナー

クリスチャンにとってクリスマスは家族で過ごす一年で一番大切な日。その日のために自然とリラックスできて、そのうえ特別感のあるコーディネートを。あえて赤色は使わず小物とグリーンでクリスマスを表現しました。北欧の生活でかかせないキャンドルと、ロイヤルコペンハーゲンやホルムガード、ジョージジェンセンなどのデンマーク伝統ブランドのアイテムを使用しクリスマス気分を盛り上げます。主役はもちろん、集まる親族たちとの楽しい会話です。

─── Menu ───

- ●ザクロのアペティリフ
- ●レモングラスの冷製ヴィシソワーズ
- ●イチジクのリコッタチーズのせ
- ●フレスカスタイ
  （デンマーク風ローストポーク）
- ●キャラメライズドポテト
- ●リースングロゥ
  （スカンジナビアのクリスマスデザート）

Point

デンマーク製のテーブルの質感を生かしゴールドとネイビーを合わせ、洗練された印象に。動きが出る様、高低差を付けて無造作に小物を配置。松ぼっくりをネームカードホルダーに。お皿の上に配置したガラスドームにはセンターと同じグリーンを入れて統一感を。

ザクロのアペティリフでクリスマスカラーをプラス

イチジクの前菜にはピスタチオを散らしてクリスマスらしく

ドームに付けたジョージジェンセンのチャームをアクセントに

デンマークの伝統料理フレスカスタイを簡単にポークベリーで

定番タイ料理で楽しむ
ワンランク上のオトナの空間

サンカローク焼きはスコータイ王朝時代を代表
する芸術文化のひとつでタイではアンティーク
の器として人気があります。シックなテーブルク
ロスと合わせると落ち着いた雰囲気になり、オ
トナ空間の演出にぴったり。オトナの女子会や
友人夫婦を招いたパーティーにオススメです。

モダンスタイルで、
心からのおもてなし
タイ料理

私の母は、バンコクでタイ料理店を営んでいました。私も幼い頃からお店の手伝いをし、母の背中を見て育ちました。レストランの仕事は朝から夜遅くまでとても大変で、幼心に「料理の仕事はしたくない」と思っていたものです。母の姿を間近に見てきた私にとって、タイ人がタイ料理を作るのは当たり前のことと思っていました。

しかし、近年のタイでは女性の社会進出などにより屋台での食事が多くなり、母から学んだ料理の味は、私にとって価値のある財産だと気付きました。この母からのギフトでタイと日本の架け橋としてタイ料理を日本の皆さんに伝えられたらと思い、私の料理教室としての活動がはじまりました。

屋台のイメージが強いタイ料理ですが、私の教室ではテーブルコーディネートにもこだわり、美味しいだけではなく、見た目の美しさも大切にして華やかなおもてなしスタイルを演出しています。

また、遠方の方や教室に通う時間がない方にもタイ料理を自宅で楽しんでほしいという思いから、食材キット付きオンライン教室を開講し、全国の皆様にお届けするようになりました。

これからも日本の皆さまに、本格的なおもてなしタイ料理を伝えていきたいと思います。

シリワンピタウェイ
Siriwan Pittaway

料理研究家
タイ・バンコクに生まれ、2001 年に来日。
タイ文部省認定 WANDEE CULINARY
SHCOOL による ADVANCECERTIFICATE
を 取得。2012 年代官山にてタイ料理教
室「SIRI KITCHEN」を主宰。2017 年
全国対応の食材キット付きオンライン教
室を開講。著書に「おもてなしタイ料理
簡単＆おしゃれな本格レシピ」（誠文堂
新光社）がある。
www.sirikitchen.com

タイ北部チェンマイへ
旅した気分になるおもてなし

チェンマイのおもてなしスタイルといえば、一つのトレイに、タイ北部地方の郷土料理をのせた「カントーク料理」。"カントーク" というのは円卓のこと。ルーツはランナー王朝の宮廷料理で結婚式や特別行事のときに出される格式の高い料理です。幸せをもたらしてくれると信じられている北部のランタン「コームラーンナー」を飾ることで、チェンマイのお祭りにいるような楽しい気分を盛り上げてくれます。

──── Menu ────

●ハレーカレー
●ケープムー
●北部のラープ
●サイウア（ソーセージ）
●ナムプリックオーン
●もち米

Point

本場のチェンマイでは円卓にお料理を並べますが、シリキッチンスタイルでは一人一人の「マイカントーク」にして自分流の食べ方でお料理を楽しんでもらいます。チェンマイ原産の有名なセラドン焼きの器を使うことで、より北部の魅力を感じていただけます。

蓮の葉をモチーフにした深さのあるセラドン焼きの器で、「カントーク」の雰囲気に

辛い料理にぴったりな生野菜は、グラスに立ててスタイリッシュに

北部の主食、もち米は伝統的な「グラティップカオ」に入れて

「ナムプリックオーン」ディップにカービング野菜を添えたタイの美しい文化でおもてなし

タイスイーツでモダンなアフタヌーンティータイム

伝統的なタイのお菓子は一つ一つ手間をかけて作られ、繊細で、鮮やかな色合いが特徴。「9」はタイ語で「ガーオ」＝「進歩する」という意味があり、縁起の良い数字とされています。宮廷菓子やお祝い菓子など、幸運を招く9種類のタイスイーツでゲストに心からのおもてなしを。

─── Menu ───
● ルームグルン
● バカグロン
● ルークチュップ
● トーンエーク
● トーンイップ
● トーンヨード
● フォイトーン
● ダーラートーン
● グリープラムドアン
● シャンパン
● タイティー

Point

大人の女性が喜ぶ上質なアフタヌーンティーの空間を演出するために、全体を柔らかな色合いでまとめたテーブルコーディネート。お菓子の色合いも淡いトーンに仕上げました。

伝統菓子の「ルームグルン」(上)、近代的にアレンジされた人気タイ菓子「バカグロン」(下)

緑豆あんをゼリーで包んだ宮廷菓子「ルークチュップ」。フルーツや野菜をモチーフに

黄金色の縁起の良いお祝い菓子。名前にも「トーン」という「金」を意味する言葉がついている

かつて王室で使われていた高級感のあるベンジャロン焼きは宮廷菓子を盛り付けるのに最適。

楽しい春の Picnic　踏春赏花野餐会

春爛漫の陽気に誘われ、子連れピクニックに出かけましょう。レジャーシートを敷いて芝生でゴロゴロ、心地よい風を感じながらきらきらした春の陽射しの中でのんびりと過ごせば、忙しい日々の中で疲れた体も心もホッとひと息。のどかな光景に優しい気持ちでリフレッシュできそうです。桜の木の下でいただく春のお花見ランチを演出します。

草木萌动，万物复苏。在春暖花开的假日午后与家人好友一起坐在樱花树下享受野餐乐趣。铺好四叶草的防水垫再搭配经典红白格纹野餐布，餐桌花采用香豌豆与小雏菊等春季草花的黄紫撞色设计。打开随身小音箱，在暖暖春阳与带着淡淡湿气的草花香与泥土芬芳中，尽情品尝季节的美食与春天的味道。

Menu

- 子供と一緒に作るおにぎり
- 三種ミニサンド
- 春の彩りフルーツサラダ
- 唐揚げとミニ鶏団子
- 春限定ケーキ、お花見団子など
- 桜色スパークリングワイン、
  ビール&ジュースなど

Point

四葉の防水シートの上にさらに
ピクニッククロス、脚が外せる
アクリル製のシャンパングラス
など、ピクニック用のアイテム
が揃えば、収納しやすくて割れ
にくいです。それにとてもお
しゃれ。春色のお花も保水ゼ
リーにつけてラッピングすれ
ば、綺麗な状態で楽しめます。

一期一会 ～四季と五感で"幸福感"UP～

心の安らぎ、心のゆとり、季節移り変わりの喜び、生活空間を美しくす
る楽しさ、今の暮らしを潤します。

幼い頃に両親が日本に移住し、日中の間を行ったり来たりすることによっ
て、束洋文化の美意識とその繊細さに心惹かれます。慶應義塾大学経済
学部を卒業後、アメリカの大学院で MBA 取得し、そして結婚して海外生
活でウェディングプランニングとテーブルコーディネートに出会い、西
洋文化のダイナミックな表現力とユニークな発想に魅せられました。

自然に恵まれた日本では、四季折々に美しい風景がみられます。小さな
テーブルの上でも、季節を五感で感じられるような立体的な空間を演出
してくれます。文化伝承と家庭回帰はテーブルコーディネートの役割と
これからの課題ではないかと私は考えます。季節の花、旬の食材、テー
マに合わせる器、愛と感謝の気持ち、スペシャルレシピでおもてなし。

この先ではなく、今の瞬間を大切にする気持ち、何気ない日常の暮らし
から幸せを感じた瞬間、記憶に残る特別な日……一期一会の心を込めて、
和中洋の融合から感性豊かなライフスタイルを提案しています。

一期一会　～以四季和五感来提升幸福感～

追寻纯真的日常与更加精致的生活，在四季交替中将餐桌设计的点滴之美融入生活。

父母在我幼年时移居日本，在两国来去之间，我从小就痴迷于东方文化特有的意蕴与细节之美。日本庆应大学毕业后，
我远渡美国攻读 MBA，接触了更多欧美风格的设计，结婚后更是专注于婚礼策划以及餐桌布置相关的研修与工作。这
也让我沉醉于西方文化的大胆表现与独特创造力之中。人生经历的变化，东西方文化的融合贯通，让我更加认识到文
化对于餐桌美学的重要性。

初春草木萌动时的朦胧心动；夏日梅雨季紫阳花叶上晶莹剔透的水珠；晚秋红枫渐变时的层林尽染；深冬万物寂寥白
雪皑皑的枯寂之美。将对于季节的感动带入餐桌，随着大自然的韵律提升餐桌的格调，带给身边所爱之人生活的美好。
情人节、端午、中秋、圣诞节……每个国家都有其独特的文化习俗。而今后餐桌美学应该更加着眼于文化的传承和回
归家庭。全家人共同参与布置餐桌，烹饪料理，共度美好时光。将美学渗透于日常生活的一点一滴，透过五感来提升
感知幸福的能力。

浪漫温馨、甜美可爱、时尚简约、古典庄重、休闲随性、清凉素雅，从一人独酌，到两人进餐，再到家庭朋友间的多
人聚会或主题派对，你会感叹，小小的餐桌竟有这么多张面孔。将艺术生活化，将生活艺术化。家的风景，因为有人
才幸福；餐桌的风景，因为用心才感动。让我们在属于餐桌的一隅之中，共同邂逅生活中的点滴之美。

陳楊　Chen Yang

生活美学プランナー　花&生活空間コーディネーター

日本一般社団法人生活美学協会理事長、エイキン商事株式会社
(Eikin Corporation) 代表取締役。慶應義塾大学経済学部を卒
業後、アメリカの大学院で MBA 取得し、結婚後ウェディングプラン
ナーの経験を経て日本に帰国、国際貿易及び伝統文化の交流を
メインとした会社を設立。テーブルコーディネーター、ウェディング
プランナー、カラーリスト、池坊華道及びフラワーアレンジメントな
どの資格取得。日、中、米三ヵ国の空間、花、テーブルコーディネー
ト、マナー、色彩などライフスタイルに関する集中セミナー、展示
会など各種イベントの企画及び運営をグローバルに活躍中。

陳楊　生活美学策划师　花&生活空间设计师

任日本一般社团法人生活美学协会理事长、颖鑫商事株式会社 (Eikin Corporation) 创
始人及代表取缔役。日本庆应义塾大学经济学部毕业后，赴美留学深造取得 MBA 硕士学
位，结婚生子后返回日本创业。持有国际婚礼策划师、餐桌设计师、色彩策划师等多项认
证资格。习修欧式花艺与池坊花道。致力于日中美三国间文化交流以及生活美学的普
及，主讲《餐桌设计与生活美学》系列认证课程。日本著名花艺及餐桌设计师浜裕子老师
多部著作指定译者。受邀在《日本 Best Flower Arrangement》杂志中文版的餐桌艺术
板块专栏连载。

www.facebook.com/YangYang0824
weibo　　　新妆玉人
Instagram　yangyanglla

春の訪れ　春眠不覚暁

春眠暁を覚えずといいますが、草木もすっかり芽吹き、小鳥のさえずりと風が心地よい春陽麗和の時頃、新しい生活の House Warming として親友を招いて春の養生料理でおもてなし。ミントグリーンとイエローの色合わせ、フレームから飛び出すチューリップとスイトピーなど、この季節でしか出会えない春の旬食材を楽しみながら、和洋折衷の食器に合わせて心躍る楽しい Spring Time。

"春眠不觉晓，处处闻啼鸟。"——唐·孟浩然《春晓》
在春暖花开、鸟语花香的初春时节，一切都象征着一年最美好的开始。本次的餐桌设计以春晓为主题，搭配当季的春日养生食谱，期待与客人们一同感受春日时光的美好。选用生机盎然的绿色和如太阳般欢快、温暖愉悦的黄色作为主色调。同时，以少量淡粉色、紫色等作为重点色加以点缀，展现出春天的多姿多彩，营造出清新明快、春意盎然的氛围。利用相框设计出充满现代感的餐桌花，以春季常见花材食材营造出春日的美好时光。

花咲く初春の季節感をテーブルで演出します

100円ショップのフレームとガラス瓶で誰でも簡単に作れる可愛い花器

お気に入りの白い鍋をセンターに。小鳥と春のグリーンを添えます

ホタルノヒカリ　蛍光恋舞

美しい森の妖精たちとの素敵な出会い。初夏の風物詩ホタルを鑑賞したとき、その神秘的で幻想的な風景をテーブルの上で演出し、家族と一緒にその感動を蘇る。耳を澄ませば、カエル、フクロウ、虫たちの鳴き声がBGMとなって聞こえてきます。旅の思い出話には、自家製果実酒でカンパイ。

"熠熠与娟娟，池塘竹树边。乱飞同曳火，成聚却无烟。"——唐·周繇《咏萤》
夏日森林深处的小精灵萤火虫，对我来说有一种难以言表的回忆感动。设计这组"萤光恋舞"的主题餐桌是为了能让家人孩子们延续旅行中的美好回忆。选用深蓝色餐桌布营造出池塘水面以及夜空的效果，将比拟成主角"萤火虫"的"串灯"衬托得更显闪耀。选用夏日常用花材，并搭配上造型各异的小青蛙、小螃蟹等装饰品，将夏日水塘边芳草萋萋的热闹景象展现在餐桌之上。本次餐桌设计的最大特点是利用造型精致的小串灯比作萤火虫，打造出了日夜两种模式，营造出截然不同的设计效果。

Point

テーブルフラワーを3つにし、パブリックスペースを区切ってテーブルランナーの代わりに。ビー玉などガラス製の小物を利用し、夏の清涼感をアップ。ガラス瓶型のストリングライトをお花の間に飾り、蛍のような幻想的な光を演出。昼と夜で楽しめます。

朝顔の形をしているガラスボウルは有田焼プレートとの相性抜群

蜀繍を楽しむお茶会　賞蜀绣 品香茗

暑い夏には、心地よい風を感じさせる清々しいシノワズリテーブルを設えます。
友人から頂いた屬繍（中国四川地域の伝統工芸）の団扇を楽しみながら、創作中
華料理に合わせて何種類かの中国茶を飲み比べます。

在避暑納凉的夏日，选用现代感十足的青花瓷餐具设计
了一组典雅的中国风主题餐桌。水绿色的餐桌布上摆放
蓝白配色的餐具让整体空间的视觉效果雅致又沁心舒
爽。餐桌主花代表的是夏日的水景景观，青竹质感的餐
桌副花代表的则是夏日山洞的景观。左侧的博古架、右
侧的蜀绣团扇和木制扇架都进一步加强了中国风的特
色。整体呈现了高低错落层次感并相互呼应形成统一。
另外，选用轻便小巧的迷你蒸笼作为餐桌的装饰品，使
餐桌更加妙趣横生。

Point

染付（青花磁）の大皿を花器とし
て使い、左サイドの丸形ミニ物置
と右サイドの刺繍団扇でシノワズ
リを表現。景徳鎮で購入した青磁
の茶器セットは夏のシーンにぴっ
たり。ブレースプレートの置き方
は、模様の向きを工夫してアシン
メトリーにセッティングしていま
す。

友人から頂いた四川省の両面刺繍団扇で涼を感じます

秋うらら　秋日私语

実りの秋、芸術の秋、そして食欲の秋。秋の味覚でテーブルを彩り、自然の恵み
を食卓で満喫する幸せは秋の喜びです。秋らしい暖色系を中心に、食器、花材、
リネン、料理など、テーブル全体のハーモニーを奏でるようなカラーコーディネー
トを楽しめます。

丰收之秋，艺术之秋，同时也是食欲之秋。在这灿灿秋
日，邀上几位爱好音乐的朋友来一起感受秋日的美好时
光，也希望大家能与我们一起轻举香槟杯，共同享受秋
日午后的静谧暖阳。

Point

グリーン系とブラウン系のナプキ
ンを使い、テーブルクロスや花材
のカラーとリンクし、秋色の変化
を豊かに表現。秋の実の物と葉っ
ば類をメインでアレンジし、ナプ
キンリングなどゴールドの小物を
アクセントとして、きらきら輝き
の秋に。

残りの花材でミニブーケを作り、ナプキンと一緒に秋色をアレンジ

花美しく月まどか　花好月圓

風に揺れる秋の草花に風情を感じる爽秋の時頃、秋空が高く澄み渡り、一年で最も美しい月を満喫する中秋の節句。十五夜の月を鑑賞する風習は中国に由来します。満月の丸みを家族団欒の象徴ととらえ、満月を愛でながらお月見料理を家族で楽しめる大切な日となります。中国ではお月見団子の代わりに、丸い形が「家族の輪」「家族団欒」を意味する月餅をいただきます。特別な一日、暖かい団欒のひとときは私の大切な時間。

"人有悲欢离合，月有阴晴圆缺，此事古难全。但愿人长久，千里共婵娟。"——宋·苏轼《水调歌头》
在中秋这个合家团聚的日子里，雕镂斑纹的金银色餐垫，餐桌后的古典屏风，闪烁的金属色搭配传统的美器，以纹理和细节来提升节日氛围。同时，餐桌中间摆饰的小兔与圆月增添了几分温馨触感。茶壶和月饼盘特意用台架垫高，让餐桌景致增加了层次感与维度。渐消尽，醺醺残酒，古典风的瓶花与浓酒相呼应，一丝禅意会为宾客带来难忘的回忆。

日本と中国に共通する漢字柄のテーブルランナーに九谷焼の茶器を

BLACK × WHITE のソナタ　黒白琴键上的小奏鸣曲

子供たちのピアノコンサート後の Celebration Table。黒と白のメイン配色でピアノの音楽世界を演出します。私が幼い頃、練習に使った楽譜をテーブルランナーとして飾り、子供たちのおもちゃピアノを花器としてサイドに置き、音符などをガーランドにしてセンターのお花に飾り付け。過去、現在、未来。楽曲を流れて時をかける不思議な瞬間。

冬天宛如黑白交织的童话世界。
在本次餐桌设计中，将冬日钢琴定为主题。虽然整体是以黑色和白色作为主色调，但穿插的粉色玫瑰，让欢快浪漫的气氛油然而生。以我幼年练琴时用过的琴谱代替了传统桌旗，边缘虽已泛黄，但正是这些岁月的痕迹能让客人对餐桌背后的故事产生更丰富的联想。看到这些散落的琴谱，二十多年前母亲陪练时的情景历历在目，与现在我和孩子们的陪练时光交叠在一起。
。

Point

大きめのビールグラスを三つ並べてメイン花器として利用。オアシスの代わりに、使い切れない花材を細かくカットして花留としてグラスに入れます。その隙間に使いたいお花の枝や茎を差し込みます。エコで環境にやさしいので、おうちでもすぐ使えます

ナプキンで作られたピンクのバラに、本物の葉っぱを添えて

ランタンフェスティバル　灯火闌珊処之上元佳节

元宵節は、正月の満月の日、旧暦一月十五日（日本でいうところの小正月にあたる）を祝う中国の習慣であり、元宵節には家族団らんの意味にちなんでもち米とさまざまな餡で作られた元宵（湯圓）を食べます。街のあちこちに色とりどりの提灯（花灯）が飾られ、獅子舞や龍の舞などのお祭りも開かれ、海外では「ランタンフェスティバル」として知られています。今宵、家族団欒で楽しく"灯謎"のなぞを解きながら、暖かい元宵団子を頂きます。

"众里寻他千百度，蓦然回首，那人却在，灯火闌珊处。"
——宋·辛弃疾《青玉案·元夕》
这组元宵主题餐桌采用了传统的设计风格，以一盏盏喜庆的小花灯点燃整体的节日氛围，欢乐气息从花灯里透出，充盈在餐桌的每一个角落。富有中国韵味的挂饰，带来吉祥如意和浓厚的中国风气息。水晶质地的高脚杯与花瓶之间形成了高低层次与色调的巧妙对比。"一曲笙歌春如海，千门灯火夜似昼"，合家团聚，其乐融融。

Point

バックに飾っている中国結び、ミニランタン、サイドテーブルに"花開富貴"の置物、松と椿の瓶花など、色んな縁起物で旧正月の祝う席を演出します。赤と黄色（金）という華やかな色調で中国の伝統色を伝えていきます。

ミニ爆竹の福字飾り物を旧正月の縁起物として花瓶に飾ります

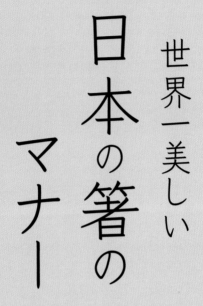

世界一美しい 日本の箸のマナー

The most beautiful
Japanese chopstick manners
in the world

小倉朋子　Tomoko Ogura

株式会社トータルフード代表・食の総合コンサルタント・亜細亜大学講師・食輝塾主宰・日本箸文化協会代表
飲食店、企業のプロデュース、メニュー開発、食事マナー、トレンド、食文化、ダイエット、食育など「食」にこだわり専門は多岐に渡る。諸外国の食事マナーと総合的に食を学び強く美しく生きる教室「食輝塾」を19年毎月開催。いまだに同じ内容をしていない。ベストセラー『世界一美しい食べ方のマナー』ほか著書多数。メディア出演多数。
www.totalfood.jp

美しい食べ方には、理由があった！

美しく見える食べ方には、一つひとつの所作に理由があります。たとえば、一口サイズに切って食べる、というマナー。一見、当たり前のことに思えますが、なぜこれが大事なのでしょう？　もちろん、大口を開けて、同席者に口の中を見せて不快にさせないという理由もありますが、何より一口の量が多いと、モグモグと咀嚼する時間が長くなり、会話のリズムが乱れてしまうから。こういった、基本だけれど身につけられていない所作がきちんと身につく、まったく新しい食べ方の本です。

箸と箸置き

日本の箸は中国から伝来されたとの説が強いのですが、定かにはわかっていません。少なくとも約 2000 年前から使用されていたようで、食べる道具ではなく神事の祭器として用いられたことから始まったとされる記録があります。中国や韓国やアジア地域の箸を使うどの国とも異なる日本独特な使い方や信仰などが多くあり、日本の箸文化は奥が深いのです。私もかれこれ 20 年ほど箸の研究をしていますが、まだまだ知らないことが沢山あります。

もともと神様のための神器だったとされる日本の箸ですから、今でも宮中の祀りごとに特別な箸が用いられています。また、家庭の行事や儀式においても、特別な役割をもって数多く使われています。例えば、正月には祝箸を使用しますし、お食い初めや葬儀においても、お箸には重要な役割があります。葬儀のときの火葬場のお箸をイメージさせるので、お箸とお箸で食べものを渡す行為は、「拾い箸」という「嫌い箸」のひとつとされ、普段はタブーとされます。

お箸は神様のためのものなので、数百年の間、庶民には使えない高貴な道具だったようです。そのためマナーも細かく存在しています。良くない箸づかいの行為を「嫌い箸」といいますが、前述の拾い箸のほかに、「迷い箸」や「渡し箸」、「すくい箸」など、普段しがちなものだけでも嫌い箸は 80 種類以上はあります。

なぜ嫌い箸はいけないのでしょう。
「料理を大事にする」、「食器を傷つけないようにする」、「作り手の気持ちを想う」など、思いやりや気遣いにあふれる理由があると私なりに考えています。

お箸は、普段の食事からも、「おもてなし」の心が見える道具なのです。おもてなしとは、お客様に対してだけではなく、普段の食事の中で、料理や作り手、食器や環境や文化、そして自分自身に対しても存在するものだと感じます。

お客様をお招きする際には、割り箸も相応しいのですが、カジュアルな席では、素敵な塗り箸も良いですね。例えば色違いの箸を用意すれば他人と間違えることもないので便利です。
箸置きは、もともとはそんな大事な神様の道具に失礼のないように高く置くためのものでした。直接箸を置いてテーブルを汚すことを防ぐだけでなく、もともとは箸に対する敬意が箸置きを生み出したのだと思います。私が幼い頃には、料理に合う箸置きを選んで出すのが楽しいお手伝いのひとつでした。箸置きを出すだけで、食事への心の準備が整うものです。
季節感があったり、地方色があったり、動物のモチーフなど、さまざまな絵柄や形がある箸置きですが、手作りもできます。また、例えばキレイな小石や小枝など、箸がきちんと乗れば、箸置きの素材はそこかしこにあるんです。

「あれ、箸置きってどこに入れたかしら」とお客様がいらしたときだけ慌ててしまうのは勿体無い (笑)。普段から楽しんでみませんか。

箸置きがあれば、食器に箸を渡して置く嫌い箸のひとつの「渡し箸」をしなくてもすみますよね。

世界料理とお箸

ナイフやフォーク、お箸などの食べ物を運ぶ道具を「食具」と称します。ナイフ、フォーク、スプーンのカトラリーを主に使って食事をする国、そして日本のようにお箸を用いて食事をする国、インドのように手が道具になって食事をする国（日本も一部が手食ですね）の3つの食具で大別すると、世界の人口の約3割弱の人が主にお箸を用いて食事をする「お箸食」の人です。その中で、日本だけがスプーン状の食具を用いず、お箸だけで食事を完結する唯一の国なんです。たった2本の棒ですが、フォークとナイフ、ときにはスプーンの役目を一手に担っているのです。

西洋の料理をお箸で食べてみたら、「フォークより食べやすかった」という経験ありませんか？

例えばレタスや水菜などの葉物野菜や、トウモロコシやお豆などの細かな食材が入ったサラダはいかがでしょう。フォークだと刺しにくいけれどお箸だったらつまんで食べやすい、と思う人もいらっしゃるのではないでしょうか。メインディッシュのハンバーグや白身魚のポワレやムニエル等もお箸で軽く切れますよね。「万能選手だなあ」と思うのです。

近年、日本に旅行に訪れる外国人の訪日の目的の上位に「和食を食べること」があがります。和食にお箸は欠かせません。和食がユネスコの無形文化遺産に登録されて、海外で和食が愛されるようになりました。欧米の方でもお箸を上手に使って食事をする人は珍しくありません。

もしかしたら、お箸が便利なことに気付いて、世界中の人が自国の料理を食べるときにもお箸を併用するようになるかもしれませんね！　そんなときが来たら、と想像するとちょっとワクワクします。案外どんな料理にもお箸は合うんです。カラフルな世界の料理をシンプルな棒は引き立て役になってくれます。

ステーキをイメージしてみてください。西洋のナイフやフォークは、食べる人が「切って」「刺して」を繰り返しながら目の前の料理を食べ進めます。とても能動的な食べ方で、こちらも素敵です。いっぽうお箸は、あらかじめ切ってあるものを「つまむ」「くるむ」などをしながら食べていきます。調和させる食べ方と私は思います。稲作農業を基盤とする生活文化に納得します。

同じ料理だとしても、カトラリーを使って食べるのとお箸を用いて食べるのでは、味わいが変わります。西洋料理を食べる際には、カトラリーの金属も一緒に口に入ってくるのが通常の食べ方ですが、それをお箸で食べると、金属ではなく木の素材になります。料理を邪魔せず料理とお箸が一体化となり口に入るのです。料理が「ふんわり」優しく感じると思います。
おもてなしのときには、西洋料理にもお箸も良いですよ。カトラリーは、料理ごとに適したカトラリーがあるため、何度かカトラリーを変えたほうが丁寧です。いっぽうお箸ならば、前菜からメインディッシュまで同じお箸でも失礼になりません。そんなこともお箸の不思議な魅力かもしれません。

おもてなしの割り箸

普段は家庭の中で自分用のお箸を使っている人も、お客様をお招きしたときや外食の際には、全員で割箸を使用することが多いですよね。これって不思議だと思いませんか？

実は同じ箸を使うことで、その場にいる全員が同じ想いをもっていることが示されるのです。「うれしい気持ち」、「感謝の気持ち」、割箸は私たちの心の代弁者でもあるのです。ですから適正な割箸を使うことも大切です。

現代の割り箸の使い方は、江戸時代に生まれたと言われています。今でいう外食産業が確立されたのですが、店でお客様に出す箸を、酒樽からリサイクルして作ったことから、個人で日常に食べる箸は塗箸で、外食では割箸の習慣ができたと考えられます。現代は割り箸の9割以上が輸入の箸で、健康な木材を伐採していることが多いと数年前に問題となりましたが、本当は環境に良く、お客様をもてなす気持ちが生んだ思いやりにあふれる箸なのです。

人をおもてなしする際に、高級ブランドのお箸と割箸と、どちらがふさわしいと思われますか？

たぶん高級ブランドと思う人も大勢いらっしゃると思いますが、本来は割箸です。割箸は食べる人が自ら割って使用できるので、「貴方のために新調しました」という証。おもてなしにふさわしい箸といえるでしょう。高級ブランドのお箸も魅力的なのですが(笑)。ただ、塗箸でも気にならないカジュアルな場もあるので本書でも塗箸のご紹介もしました。

割り箸は多種類あるので、TPOで使い分けするのもマ

ナーです。大きく分けて種類には、丁六、小判、元禄、天削、利久などがあります。私たちが惣菜や1000円以内のお弁当を購入したときに、つけてくれることが多いお箸が元禄です。2本の間に溝があって割り易くなっていて、角を面取りしているので口に入れてもザラザラしません。元禄時代に作られた箸です。ですが、カジュアルな割箸なので、大切なお客様をお迎えする際には元禄では失礼になってしまう可能性があります。

おもてなしの際にふさわしいのは、天削や利久です。天削は口をつけない側の箸先が天に向かって削いであるので神に向かう縁起の良い箸です。利久は両端が細くなっていて、神様とともに一つの料理をいただく箸とされるため、茶懐石にも使用されます。

料理とお箸のマリアージュを私はとても大事にしています。天削のお箸を用意したら、大胆さや品を感じる料理を出しましょう。利久には、食材にこだわった和食や、香りが上品なお出汁の御椀などが良い相性かと思います。

いっぽうで、気軽なランチ会に出すお弁当やお子様のホームパーティ、屋外のバーベキューなどでは、元禄や小判などが合うと思います。

割箸は、お正月や結婚式などの慶事の席ではタブーです。ですから、お正月には割箸ではなく、「祝い箸」を使いますよね。柳の木でできていますが、柳は聖霊の木とされ、常緑樹なので折れにくいことも縁起を担いでいます。喜びを分かち合うのにふさわしいお箸です。

食空間から新しい STORY を発信する

小さい頃から想像した空間やモノを絵に描いたり、構成するのが好きだった。
その感覚は大人になって深まり、そこがテーブルコーディネートや空間演
出の原点となっています。
食空間演出で大切にしているのは、全体のバランスはもちろんですが、テー
ブルクロスの柄と食器の位置といった線と線のバランスなど細部にこだわ
ること。細部まで心を入れてあげることで、空間との調和がとれ統一感が
生まれます。
そしてもう一つは、侘び寂びの要素。
「質素」や「間」という考え方は、日本独特の美意識です。
又、食空間においても足していくばかりではなく、アイテムを減らすなど
引き算してみると逆に見せたいものやテーマ性がはっきりすることもあり
ます。

私の食空間における STORY は、テーブルコーディネート + 空間 + 体験の
3 つの要素でできています。食事を楽しむためのテーブルコーディネート
にインテリアや照明まで一緒に演出すること。そして、その空間全体で驚
きや心躍る体験を味わってもらいたい。
食空間のさまざまな可能性をこれからも発信していきたいと思います。

湯浅　さおり　　Saori Yuasa
食空間プロデューサー

Table décor & Interior studio「Makalua」代表。（FSPJ 認定サロン）
建築関連の大手メーカー・建築会社勤務を通じて、インテリアデザイナー
として携わる。2017 年テーブルウエアフェスティバル入賞。レッスンやセ
ミナー、レストラン・ホテルなどの空間演出を手掛け、メディアでも取り上
げられる。その他、食空間の可能性を広げるため、食空間コンサルティング・
カフェプロデュースや商品開発等にも力を入れている。

www.makalua-studio.com/

夕焼けをイメージさせるゴール
ドをテーマカラーに。
背景の絵と折敷はオリジナル。
波を表現し、テーブル上のアイ
テムとリンクさせた。
ナプキンワークもペーパーアイ
テムとの組み合わせで一工夫を。

夕焼けの波

両親を新居に招いてのディナー。
両親と旅行に行ったときに見た夕焼けに輝く
海や建設業を営む父の好きな日本庭園をイ
メージしたコーディネート。
日頃の感謝と愛を込めて。

Happy Ever After   - いつまでもお幸せに -

ハワイの一軒家で開催のウエディングパーティをプロデュース。
海と自然、そしておふたりにとってかけがえのない大切な家族・友人に
囲まれてリラックスした時間を過ごせるようにラグジュアリーで爽やか
な空間を演出。

Place   Hawaii House of Iris
Photograph   Natsumi Takemura

Godetevi la vita!　-人生を楽しんで-

イタリアを感じさせる赤や緑をテーマカラーにイタリア料理店で食事
を楽しむひととき。料理とワインと共に会話を楽しむのがイタリアス
タイル。そんな会話の話題のひとつになるような食空間の演出。

┌──── **Menu** ────┐
- ●ノルチャ産生ハムとブッラータ
- ●真狩産百合根と札幌黄のスープ
　イタリア産黒トリュフがけ
- ●新鮮な北海道産ミニトマト
- ●グリーンオリーブのオイル漬け
- ●ペンネ　クワトロフォルマッジ
- ●NZ産牛ヒレ肉のビステッカと
　グリーンサラダ
- ●車エビのパン粉フライ
　タルタルソース添え

Point

陽気なイタリアの雰囲気を出す
為、照明にも映えるようビビッ
トな赤や緑でアクセントをつけ
その他は店内の大人な雰囲気に
合わせ黒で大人の空間を演出。
ランナーも網代模様に配置し、
面白さを表現した。

紡ぐ

寿司店のカウンター演出。
店主の温もりと非日常感を味わえる上質な空間で、
旬の鮨を美味しいお酒とともに
心ゆくまで楽しんでほしいというおもてなしの思いを紡いで。

Point

木を使ったシンプルで清潔感の
ある店内。その雰囲気に馴染む
シルバーカラーで落ち着いた雰
囲気に。緑や茶色などをポイン
トで使い、お鮨が映えるように
コーディネート。箸置きにも小
さな花器がついており、ちょっ
とした部分にも店主のおもてな
しの心を演出。

Place   Sushi Isono
Flower   YANASE
Photograph Takeshi Narita

Place Sushi Isono   Flower YANASE   Photograph Takeshi Narita

古今

日本の伝統文化「三道」。「茶道」・「花道」・「書道」
今も脈々と受け継がれる伝統でありながらも進化を続けており、
今後もますます世界に発信されていくことだろう。
三道の要素を感じられる、海外からの客人をもてなす食空間の演出。

抹茶を和モダンに楽しむテーブル

日本の文化や伝統的工芸品の関心が高まっています。日本茶についても同様に静かなブームといえましょう。煎茶や抹茶を全面に打ち出したカフェが次々にオープンし、ファッション誌でさえ、お茶を特集することも多くなりました。また抹茶や煎茶を素材にしたスイーツも人気があります。茶道体験ができるカルチャースポットも異業種からの参入も激化しています。

しかし、家庭で抹茶となるといかがでしょうか? 「おいしく点てるのが難しそう」「手間がかかりそう」そんなイメージがありませんか? またお茶席と聞くとお作法など堅苦しく敷居が高いと感じる方も多いかと思います。確かに、お茶席やお茶事では、決まり事もあり、お茶を学んではじめて味わえる楽しさもあります。しかし、家庭でのおもてなしのティータイムを楽しむような感覚で、普通にティータイムを楽しむような感覚で、抹茶を楽しむひとときがあってもよいと感じています。抹茶を和モダンに楽しむテーブルコーディネートの提案です。

Photograph Muneno Ayumu

浜 裕子　Yuko Hama

フラワー・インテリア・テーブルコーディネートをはじめ、ホテル、レストラン等での食空間の演出、コンサルティング等を手掛けている。近年は、和の歳時記、日本の生活文化を研究し、和と洋の融合、和の精神性の高いデザインをテーマに、ライフスタイル提案に取り組む。花のある暮らし、生活空間をアートすることをコンセプトに、食空間プロデュース会社、「花生活空間」を設立。自宅アトリエにてテーブルコーディネート教室を開催するほか、セミナー、講演、執筆、TV出演などのメディアでの活動も積極的に行っている。著書に、「お茶と和菓子のテーブル12カ月」(誠文堂新光社・刊)「ほめられレシピとおもてなしのレッスン」(KADOKAWA・刊)他多数。翻訳本も出版されている。NPO法人食空間コーディネート協会理事、認定講師。
www.hanakukan.jp

**お茶と和菓子の
テーブル12カ月**

歳時記や季節の行事をテーマにした、日本茶のためのテーブルコーディネートを紹介します。和の風情をふんだんに感じられながらも、モダンにしつらえた12カ月の食卓演出36例に加え、オールシーズン楽しめるテーブルコーディネート3例や本格的なお茶会の様子を紹介。近年ブームの抹茶の点て方、楽しみ方といった情報も掲載。1冊で日本茶、抹茶の魅力を堪能できます。

早春の花の和菓子を愛でながら
スタイリッシュに楽しむお茶の時間

前ページの写真は、梅、椿、水仙など早春の
花をかたちどった上生菓子をプレートスタンドに
配し、抹茶とともに楽しでいただく趣向です。あ
られの鉄瓶と黒の網目文様の抹茶碗をセレクト
し、スタイリッシュに演出します。テーブルコー
ディネートのポイントは、高低差をつけて、メリ
ハリをだすとモダンな印象になります。そこで活
躍するのがプレートスタンド。テーブルに高さが
でるとインパクトが増し、サプライズとプレゼン
テーション効果が上がります。早春の花の上生
菓子をガラスの小皿に数種類用意すると目のご
馳走と選ぶ楽しみが増えますね。
またお湯のはいった鉄瓶は、アイアンのウォー
マーにのせると、保温の効果とともに高さだし
の効果もあり一石二鳥です。光沢のあるブルー
のクロスに黒、白のモノトーンの器を選ぶことで、
モダンな印象とともに、一層お菓子の彩りが際
立ちます。
抹茶碗は季節を選ぶもののほうが多いのです
が、黒の網目文様は、オールシーズン使える優
れものです。
テーブルで楽しむ抹茶は、自由な発想で、お菓
子やお茶を楽しみたいですね。

テーマカラーを抹茶色に

お茶好きの友人とのお茶の時間は、テーマカ
ラーを打ち出し、自服(自分自身でお茶を点て
ていただく)スタイルでおもてなし。白のテーブ
ルクロスに、グリーンのブリッジランナー、緑釉
の織部焼器、和菓子は抹茶ゼリーと鶯色の
上生菓子で、抹茶色に統一しました。
テーブルコーディネートのポイントとしては、自
服していただくので、それぞれに鉄瓶、棗、茶筅、
茶杓を用意して、好みの抹茶を楽しんでいただ
けるようにセッティング。自服スタイルですので、
濃茶にも薄茶にもどちらにも使える抹茶を用意
しました。さっぱりいただける抹茶ゼリーには、
薄茶、しっかりとした甘みのある上生菓子には、
濃茶が合います。抹茶色のテーマカラーに、や
はりこちらも黒を多く配色して、全体に引き締め、
その中に濃いピンクの鉄瓶が差し色となり、ア

クセントカラーにもなっています。
抹茶碗は、土ものというイメージが強いと思い
ますが、ここでは拭き漆の抹茶茶椀を用意しま
した。漆は軽くて熱が伝わりにくいので、持ち
やすく、口当たりが優しいので、愛用しています。
また使いこむほどに艶がでて経年変化も楽しめ
ます。
茶杓は、白蝶貝と水牛の角を素材のものを選び
ました。茶杓がなくても、例えばティースプーン
で代用してもよいと思いますし、面白い素材で
あれば、そこから会話も膨らみますね。菓子器
には、織部の高台付丸プレートを選びました。
こちらは、もともと菓子器というより料理用の大
皿ですが、いろいろな用途で楽しめます。愛嬌
のあるぷっくりとした鶯色の鳥の和菓子が、会
話も盛り上げます。どんなお菓子を選びましょう
か? ゲストが喜ぶ顔を思い浮かべながら、季
節の花とともに準備を重ねることからおもてなし
がはじまっていますね。

花より団子派の友人と抹茶をカジュアルに。

気軽にカジュアルに抹茶を楽しむ提案です。お団子、いちご大福、桜餅、おせんべいなどの手軽なおやつ感覚の和菓子をチョイス。合わせる和菓子次第で、抹茶がぐんと身近に感じられませんか？　カフェオレをいただくような感覚で、抹茶を楽しんでみてください。奥の茶碗は、陶芸家富田啓之さん作。実はボウルとしてつくられたもので、高台がありません。何色も絵の具のように色を使った器が斬新で楽しい気分になるので、抹茶碗に見立てました。カジュアルに楽しむ場合は、ルールにとらわれず、好きな器を抹茶碗にみたてて、お茶を点てることもよいと考えています。

最近の食空間におけるトレンドは、木や石など自然素材をそのままいかしてナチュラルに表現すること。切り株を器にして供するフレンチも多くみられるようになりました。

和みの時間を提供したいときは、木製の器や素材、土ものなどがほっこり温かい雰囲気をだせるので効果的です。

テーブルにブリッジランナーをさっとかけて、木製の板にお菓子をセットすれば、さあ、完成です。桜の枝を少しあしらえば、春のお花見テーブルの出来上がりです。

フルーティーなおもてなし

はじまりはフルーツカッティングのための材料調達をきっかけに、以降それぞれの産地や原産国や特徴を常に意識するようになりました。日々世界各国から輸入される美味しいフルーツや、手塩に掛けて育った国産フルーツ。その中から最も状態が良く、おいしくなったタイミングの果実を選んで、ナイフを入れます。

おもてなしの大原則は「おいしい」こと。
ヴィジュアル的な美しさのみならず、的確にナイフを入れることでフルーツをより食べやすく、よりジューシーにおいしくなるよう仕上げていきます。その上に視覚的な楽しさをのせて、ゲストが思わず笑顔になるようなサプライズのあるおもてなしができたらとても嬉しいこと。

「日本と世界のテーブル」という今回のテーマをいただき、心ときめかせながら、日本・中国・イタリアを選びました。全てフルーツをメインに使った前菜やデザートシーンです。
私からの"最上のおもてなし"は、フルーツカッティング＆テーブルコーディネート。これからも、美しくておいしい"フルーツのある食卓"を提案して行きたいとおもいます。

梨水さわ子　　Sawako Nashimizu
フルーツ＆テーブルコーディネーター

フルーツカッティング教室 Fruity Table 主宰。食空間コーディネーター。
渋谷ほか都内3ヶ所で、おもてなしフルーツカッティングレッスンを開催。
企業・ショップのイベント、メニュー開発、フルーツスタイリング撮影等。
横浜山手西洋館テーブル装飾、東京ドーム他テーブルコンテストでの受賞
テーブル多数。

www.fruitytable.com
Instagram　fruitytable

Photograph
Shoko Sakurai
Sawako Nashimizu

Menu

前菜メニュー
● マスクメロンボールと
　プロシュットの薔薇の
　Prosciutto e Melone
● スプマンテ

Point

メロンには生ハムの塩分を体外
へ排出してくれる成分が含まれ
ており、生ハムとメロンを一緒
に摂ることで疲労回復や夏バテ
予防にも良いとされる、理に適っ
たすばらしい組み合わせです。
オリーブオイルと黒胡椒を添え
て。白い小鳥の調味料入れも初
夏の爽やかさの演出に。

Buon appetito !　〜初夏のパーティ〜

トスカーナの家庭料理から生まれた、イタリア
の伝統的オードブル「生ハムメロン」を、フルー
ツカッティング仕立てにして、初夏のアンティ
パストに。メロンボーラーで丸く抜いたメロン
と、薔薇に見立てたプロシュットを、メロンバ
スケットに盛り付けてエディブルフラワーを飾
ります。先ずはスプマンテを開けましょうか。

Cool Japan 〜和のハロウィン〜

床までの黒いモアレのフルクロスはハロウィンの空気感を醸し出し、織部・黄瀬戸・飛騨春慶を中心にした和のテーブルウェアでシックにコーディネート。夜のとばりが降りる頃、"お箸の国のハロウィンディナー"のはじまりです。

—— Menu ——

前菜メニュー
●赤葡萄の大根おろし和え
●林檎とさつま芋のオレンジ煮
●柿の白和えカップ
　黒葡萄のコウモリ添え
●柿の紅葉カッティング
●梨の日本酒サングリア

Point

秋のフルーツを使った前菜や、梨のサングリアに旬の味わいをたっぷりのせています。フレッシュな梨を使った日本酒サングリアは、簡単で美味しい自家製カクテル。テーブルにはツルウメモドキを飾って。フランスの粋なナプキンと和食器との色合わせもポイント。

織部の大きな三日月皿には柿色がよく映えます

くすっと笑えるテーブルフィギュアも大切な演出のひとつ

ル・ジャカール・フランセのナプキンでカラーコーディネート

ペイントを施したシックなカボチャのフィギュア

Modern Chinese 〜点心でおもてなし〜

桜の起原は中国。窓からの光弾けるダイニングに、淡い桜色に朱赤を
ぴりっと効かせたモダンチャイニーズでセッティング。
桜咲く週末に気のおけない女友達と集い、尽きないお喋りを楽しみま
す。湯気の立ちあがる蒸籠を挟んで。

─── Menu ───

デザートシーンのメニュー
●ピンクのフルーツゼリーと杏仁豆腐
　ゴールドキウイフラワーをのせて
●グリーンキウイと苺の
　フラワーカッティング
●花茶

Point

中華のターンテーブルをイメー
ジして、丸いアクリル板と蒸籠
とで組み立てた2段トレイをセ
ンターに。春風が通り抜けそう
な間隔でアミューズスプーンを
爽やかに配置。何度か運ぶあつ
あつのミニ蒸籠は、銘々で開け
ていただきます。何が出るかは
お楽しみに。

台湾で見つけた小籠包のソルト＆ペッパー

アミューズスプーンにも朱赤や桜が舞うようなイメージで

大きな蒸籠に桜花をモダンにアレンジ

デザートのプレートはエインズレイ・チェリーブロッサム

Y ou entertain and it's production on a special day by a cut of fruits.

おもてなしフルーツカッティングで特別な日の演出を

日々の食卓に彩りを添えるのは勿論、パーティや記念日など特別な日のサプライズに。
おもてなしの心を伝えるフルーツカッティング。

フレッシュフルーツのテーブルフラワー
心浮き立つ春のおもてなしテーブルに

ドイツの陶磁器メーカーのティー C/S に、春の花を飾るように挿しました。
金柑のチューリップ・苺の薔薇・パイナップルリーフや菜の花も添えて。テーブルフラワーのように飾りながら、すべて食べられるフルーツのお花です。

大人のバレンタイン・アフターディナー
イタリア・ローマ発祥のバレンタインデー

アフターディナーのシーンには薔薇とチョコレートとエスプレッソ、そしてフルーツカッティングにさり気なくハートをのせて。オレンジピールを少々あしらうことで特別感を。

フルーツでハロウィンパーティ

ジャックオランタンは元々は蕪でした。アメリカに渡り南瓜に変化。私の
レッスンではオレンジにアレンジしています。和梨の大きな三日月、無花
果のほうき、教室オリジナルデザインの黒葡萄のコウモリetc…。遊び心
をのせて、フルーツカッティングでハッピーハロウィン。

日本の美、お正月蒲鉾のカッティング

フルーツカッティングと同じペティナイフを使って、お正月料理に添える
紅白蒲鉾をカッティングします。松、青海波、手綱、末広などなど日本の
古くからの文様や縁起の良いモチーフを繊細にカットして組み立てます。
ひとつ添えるだけでもとても華やかに、ハレの日の食卓に映えます。

Home, entertain.

食文化は、テーブルコーディネートと共に、それぞれ
の時代と異なった環境の中で大切に受け継がれてき
ました。とりわけ、四季を大切にする日本人ならでは
のおもてなしは、和と洋の文化をうまく融合させ、益々
魅力的なものに進化しています。
ただし、それは豪華さのみを求めるものではなく、共
有される楽しい時間があってこそのものだと思ってい
ます。私自身、自宅でもお料理を教えていますが、テー
ブルを設え、できたお料理を並べると皆様の表情が
パッと明るく華やかになる瞬間があり、私まで幸せな
気持ちになります。遊び心も忘れずに、そしてどこか
に懐かしさや温かさを取り入れながらテーブルを設え
る時間は、とても楽しいもの。人と人とをつなぐおも
てなしは、まさに私たちの日常を明るく豊かにしてくれ
るものだと思います。

ごちそうをカジュアルにしておもてなし

春の訪れを待ちわびながら、気の合うお友達を誘ってのランチ会。彩りのよいお野菜やネットで取り寄せた人気のチーズを囲んで楽しいランチタイムのはじまりです。テーブルには、春らしいピンクやグリーンのお花などアクセントカラーを入れて華やかに。

お料理は、お家でも簡単にできるメニューにトリュフのオイル漬けやペーストなどを使って変化をつけ、ごちそうメニューに変身させます。マーケットで見つけたちりめんキャベツは丸ごとロールキャベツにし、お鍋ごとテーブルに。蓋を開けた瞬間自然と皆の笑みがこぼれます。チーズやパンなどは木のボードを使いカジュアル感を出しながらも、華やかなナプキンを添えておもてなし感も大切にします。

写真
(P44) 人気のチーズやジャムもスタイリングして会話の中心に。(P45 上) レース使いのお皿がテーブルを華やかにしてくれます。(P45 下左) バーニャカウダー用のポットもお気に入りのひとつ (P45 下右) お料理は取りやすく高さをだして。

【Menu】
・彩り野菜の白みそバーニャカウダー
・ちりめんキャベツのシューファルシー
・菜の花のペーストとローストビーフのピンチョス
・トリュフ香るかぼちゃのムース
・ベリーのヨーグルトムース

山田 かずみ　Kazumi Yamada
フードコーディネーター
独身時代はロンドン、結婚後はシンガポール、ニューヨークに家族で暮らす。2010年に帰国し、料理の世界へ。大手料理教室、外資系高級ホテルのキッチンに勤務。レコールバンタンフードコーディネーターコースを経て、2016年より自宅料理教室「La branche」主宰。企業向け撮影用調理、スタイリングも手掛ける。4人家族。都内在住。
www.koeda.tokyo/
Blog. https://koedasmile.exblog.jp/ こえだ
ニューヨーク
Instagram labranche2016

写真
（上）（下左）料理教室でご紹介したインド料理レッスンのテーブル、（下真ん中）ぶどうの風味をつけたバタフライピーは冷たく冷やして、（下右）蚊取り線香はラベンダーの香りのものを使用

【Menu】
・渡り蟹のカレー
・バターチキンカレー
・パラックパニール（ほうれん草とチーズのカレー）
・キャラウェイシードのコールスロー
・カリフラワーのマリネ
・ナン
・チャイのブリュレ

冒険しながらアジアンを愉しむ

昔と比べ、アジア料理は随分と身近になりました。その中でも、インド料理の代表格、カレーは具材を変えることによっていろいろな変化が楽しめ、おもてなしにも向いてる一品です。テーブルは、カダイなどのインド食器でなくても、ランチョンマットなどゴールドや銅の小物など使ってみると雰囲気も楽しんでいただけるかと思います。

大人の女性の集まりらしく、テーブルは黒とグレーをベースにゴールドでまとめます。

お気に入りのゴールドの蚊取り線香入れは2つ購入し、ひとつはラベンダーの蚊取り線香を使ってお香の代わりに、もうひとつはキッチン専用にしてスパイスボトルを入れたり、ガラスの器をセットしてお料理をいれたりしています。枠にとらわれず、思わぬ発見があると更に料理やおもてなしを楽しく感じることができるでしょう。

おもてなしする側も
幸福なホームパーティーを

私の夫は、自分の同僚や友人を自宅に招くことが大好きな人です。気づけば私も、テーブルコーディネートや季節のお料理で皆さんをおもてなしすることが大好きになりました。

一見、豪華に見えるけれど実は手に入りやすい食器やグラスを使ったテーブルコーディネートを考えているとき。パーティー開始時間から逆算して、準備時間の使い方を考えているとき。お店でいただいたおいしいものを自分で再現できたとき。何より、私の料理を「おいしい！」と言っていただけたとき。

私にとって、それらのすべてが最高に幸せなのです。

今の私は、この幸福感を広く「おすそわけ」していきたいと考えています。試行錯誤を重ねた「マイ・レシピ」は、どこへお嫁に出しても大丈夫！という自信作。
型にはまりすぎることなく、おもてなしする側も幸福なひとときを味わうホームパーティーをしたいと思っています。
「同じ時間を共有してくれてありがとう」「このパーティーを楽しんでくれてありがとう」の気持ちを、これからも持ち続けていきたいです。

大井直子　Naoko Oi
料理研究家

2009年10月よりおもてなしサロン「Nao's Style」を主宰。大手総合商社を退職後、専業主婦として家族をサポートしながら、季節に合わせたお料理とテーブルコーディネートで夫の仕事関係者や友人を招いて数々のホームパーティーを開催する。そのセンスの良さが評判を呼びサロンをオープン。口コミを中心に人気のサロンへ発展し、現在は福岡に留まらず首都圏を中心に各地でサテライトレッスンを開催中。
著書に『いつでも かんたん おもてなし』（Galaxy Books 出版）ほか。

blog　　　http://ameblo.jp/naonao-mm/
Instagram　naonao2570

Photograph　Naoko Oi

嫁ぐ娘へ　〜お祝いのテーブル〜

娘が婚約しました。母としてこんなにうれしいことはありません。ずっと家族の歴史を刻んできたテーブルを少しだけおめかしさせてお食事をしましょう。初夏なのでリネンのテーブルクロスにガラス食器を合わせました。家族の形は変わりますが、このテーブルでのドラマは続きます。

Menu

- 湯葉の和風テリーヌ
- 海老春巻き
- トマトとセロリの和マリネ
- ポーチドエッグのせサラダ
  アンチョビドレッシング
- ポークフィレソテー
  レモンバターソース
- オレンジケーキ

Point

パープルのフラワーに合わせて同系色のリボンをランナーとして合わせています。そこに反対色のイエローのナプキンを合わせることで対比効果が生まれ、全体がバランスして見えます。

和風の出汁でひとつひとつ煮た野菜を色鮮やかに重ねたテリーヌ

アンチョビドレッシングのサラダはトロトロの黄身を絡めてコクを出します

しっとりと焼いた豚ヒレ肉はさっぱりとしたレモンバターソースで

食感を残した海老の春巻きはオーロラソースにつけて

娘たちの帰省 普段のごはんをお洒落に楽しむ

久しぶりに娘たちが帰ってきました。子供の頃よく食べていた揚げ物、焼き物、和え物、蒸し物、サラダを少しずつ小鉢に入れて2段の籠に詰めて「おかえりなさい」のおもてなし。手まり寿司を一緒に握ったり、籠に詰めたり母と子の楽しい時間を過ごしました。

--- Menu ---
- ●手まり寿司
- ●焼野菜のミルフィーユ 大葉ソース添え
- ●水菜とごぼうのサラダ
- ●ほうれん草のごま和え
- ●ふわふわ里芋ボール
- ●小籠包
- ●チョコ＆ストロベリーパフェ

Point
テーブルクロス、折敷、フラワーアレンジはパープルのグラデーションで統一。黒の2段籠が映えます。飾り棚には手まり寿司を並べ視覚でも美味しさを引き立たせました。

2段の籠に詰めたお料理は蓋を開けるワクワク感を

サーモンと真鯛の手まり寿司にお花の玉子焼きを添えて彩も華やかに

手まり寿司はモダンな飾り棚にディスプレイしてテーブルに立体感を

大葉ソースをたっぷりつけていただく焼野菜は、串刺しにして食べやすく

聖夜に乾杯！　シャンパンゴールド＆レッドのクリスマス女子会

毎年一番ワクワクするクリスマスシーズン。おもてなしサロンを始めて10年という節目を迎え、お祝いムードたっぷりなシャンパンゴールドとレッドのクリスマステーブルで乾杯しました。ずっと支えてくれた皆さんや家族に感謝の気持ちを込めて。

--- Menu ---
●生ハムとマスカルポーネチーズのパテ
●焼たらことトウモロコシのポテトサラダ
●帆立のグリルとオレンジの
　アミューズ ビネグレットソース
●ベーコンと甘栗のピンチョス
●フィッシュバーガー
●ベーコンとブルーチーズのフラン
●チキンと生ハムのインボルティーニ
　焦がしバターソース
●ミニタルトタタン

Point
シャンパンゴールドとレッドが映えるようにテーブルクロスをダーク系にしました。クリスマスのフィギュアは毎年ほぼ同じものを使用していますがクロスや背景に変化をつけることで違ったイメージになります。

フィッシュバーガーとホタテのアミューズはミラートレーにのせてキラキラ感を

手づくりのクリスマスナプキンリングオーガンジーの色の違う布を重ねて華やかさをプラス

ガラスドーム型の器にはパテを詰めてクリスマス気分を盛り上げます

小さなアミューズはワンプレートに並べるととても華やか

楽しみな集まり、待ちに待った
気持ちがおもてなしにつながる

人が集まり、おいしいものを囲み、おしゃべりができるって思うだけで、とても心がうきうきします。おもてなしする相手が、仕事関係の方、親戚や友人、お教室に来てくださる方などさまざまですが、お客様の喜ぶ顔を想像して、どのようにおもてなししようかと考えます。

お茶をお出しするだけでも、以前はいろいろと悩んだものです。でも自分にできることって限られているんですよね。無理をして作ったことのないものを振舞うことはおすすめしません。それから、「無理をせず自分らしくしよう」と思うようになると、自分自身も楽しめるようになりました。気をつけるのは料理の「五味五法」だけ。味付けや調理法が重ならないようにするだけです。あとは私の好きな食器や季節感をだしてお迎えしています。

人と交流しあえることはひとつの財産です。相手を敬い、楽しさを共有したいと願う気持ちが相手に伝われば、それも「おもてなし」です。相手にその気持ちが100%伝わることをめざして、待ちに待った日を自分らしく迎えられたら大満足です。

中村せいこ　Seiko Nakamura
生活デザインコーディネーター

都内の製菓専門学校と調理師専門学校で「テーブルコーディネート」の講師として、和洋テーブルセッティングに関わる知識やマナーなどを教えている。東京久我山では、女性たちのセンスアップと楽しい時間を共有することを目的にサロン教室「花とテーブル教室エルチアーズ」を主宰している。「テーブルコーディネート講座」や「生活を楽しむ講座」、さらに、ニューヨークの花展で賞賛された剣山や吸水スポンジを使わないフラワーデザインのテクニックも指導している。

www.lcheers.me

Photograph
Maki "shikamaki"Sato / Masaya Fujita

清々しくさりげなく
"お正月を迎える花"

お正月は玄関に「松飾り」と「しめ飾り」
を飾り、家の中には「鏡餅」を飾って年神
様をお迎えするのが一般的です。そして忘
れないでほしいのはお正月を迎えるお花を
飾ること。家の中が明るく清々しくなり、
お正月らしさが増します。新年の挨拶に来
られる方の印象も格別に。お正月らしい花
びんや花材がなくても大丈夫です。普段の
花びんに松をさすだけで、お正月の雰囲気
が意外とだせるんですよ。

漆器と水引が奏でる伝統的な日本のお正月

お正月は年神様を家にお迎えして祝う行事。子孫繁栄と稲作を見守る神
との「神人共食」の場でもあります。年初のお食事を神聖な白いテーブ
ルクロスと白い花で飾り、まずはお正月の挨拶。お屠蘇を楽しみ、それ
から柚子釜と重箱のおせち料理をいただきます。漆器で揃えたテーブル
は、その艶と品格で伝統的な日本の美をお正月の食卓にもたらせてくれ
ます。

稲作の豊作を願い稲穂を添えました

松と白のダリアとライラック。金の水引でお正月らしく

蓋物はうれしいもの。紅白なますにいくらなどいかがでしょう

クロスをがらりと変えてお茶タイム。縁起物「仏手柑」の香りで爽やかに

和テイストで楽しむアフタヌーンティー

英国で生まれたアフタヌーンティーの習慣は、とても優雅で美意識の詰まったお茶会でした。食べきれないほどのスイーツと軽食をケーキスタンドに用意して、お客様をお招きするのが一般的。外国のお客様でしたら、少しでも、和テイストのある雰囲気を味わっていただきたい。そこでテーブルランナーと花飾りに枝物などを使って和風にしました。和洋折衷のアフタヌーンティーでお客様が楽しんでくだされば何よりです

メインテーブル以外にサイドテーブルがあると便利

2杯目用に2〜3種類の茶葉やポットを用意しておくとスムーズ

テーブルランナーの上は皆で気軽に使えるアイテムを置くスペースにしています

ふたりで創るブランチテーブル

休日はのんびり昼食を兼ねたブランチをいただくのもいいですね。
しかもそれでふたりが幸せを感じることができたら素敵です。
陽射しが差し込む時間に、ふたりで一緒に食事の仕度。新鮮な果物
や野菜をたっぷり用意し、一口サイズの料理があれば、ワインも進み、
会話も弾み、あっという間に時間が過ぎてしまうのでは。小さなひ
とときですが、幸せな1ページになるブランチになりますように。

Point

太陽が降り注ぐ地中海をイメージしたブランチテーブル。手編みのレースをかけたテーブルには、手作りのナプキンを用意。さらに元気が増すように、多すぎるほどの花をこんもりと飾りました、お皿も模様の目立つものに。

ふたりで迎えるお正月

家族のスタイルはさまざまですが、少人数で迎えるお正月も多くなっています。それでも、邪気を払い魂を蘇らせる「お屠蘇」で健康を願い、「おせち料理」は重箱に詰めないまでも、重箱の意味する「福を重ねる」を2段スタンドで表してみました。かまぼこ、伊達巻、田作りなどを吉数盛りつけたら「祝い膳」の出来上がりです。そして、おせち料理の後はお雑煮をいただきましょう。きっとふたりの絆が深まる素敵な新年となるでしょう。

「五感を満たす」おもてなし

幸せを誘う食空間を目指して。
みなさんは食事の時間は幸せですか？
私にとって食事をしている時間は楽しくて、最高に幸せな時間です。
さらに現代では物流も発展し、日本全国の食材や料理、海外の料理も自宅
で食べることができます。

しかし、時代が便利になるにしたがって食事のスタイルも変化してきました。
コンビニやレトルトの食事、家族バラバラの個食、スマホと会話する食事
など……。

本来、食事とは「おいしい」と感じ「心」を満たす行為でした。
いつしかそれが希薄になり、ただの空腹を満たす行為に変わってきている
ような危機感があります。

私は、師である光田愛の日本の「おもてなし」と海外の食生活をミックス
した「和モダン」という世界感に魅了され、この世界に足を踏み込みました。

私自身、元々食事が大好きでしたが、今後は和モダンの世界観をベースに、
目で、耳で、鼻で、味で、触れて幸せを感じれられるテーブルコーディネー
トを生み出し、より多くの人の「五感を満たす」おもてなしを表現してい
こうと思っております。

後藤 恭兵　Kyohei Goto
食空間コーディネーター

2017 年にテーブルコーディネートの師である光田愛と出会い、2018 年よ
り師事し、本格的にテーブルコーディネートを学び始める。光田の提唱す
る「和モダン」な世界観に魅了され、自身も「和モダン」なスタイルを軸に
したコーディネートを展開。先日行われたテーブルウェア・フェスティバル
2020 では、初出場にて出展作品の「夜桜〜 Yozakura 〜」が入選・入賞し、
服部幸應審査員賞を受賞。食事の時間をより一層楽しく、幸せを感じても
らえるような食空間コーディネートを目指し、数少ないメンズコーディネー
ターとして日々邁進中。

facebook　www.facebook.com/kyohei.goto.510

Photograph
Kyohei Goto

「新緑」 〜Garden〜

暖かくなってきた新緑の季節。
ふたりの女性は、20年来の友人。普段の都会の喧騒から離れ、新緑あふれるテラスにてアフタヌーンティーを堪能しました。ミモザの華やかなイエローと色とりどりのフルーツのコントラストが自然と気持ちも明るく照らし、普段の疲れを忘れさせてくれます。

Menu
- ●マカロン
- ●カップケーキ
- ●フィナンシェ
- ●サンドウィッチ
- ●ヨーグルト
- ●カットフルーツ
- ●2種のナッツ
- ●ルイボスティー
- ●スパークリングウォーター

Point
鮮やかな黄色のミモザをアクセントに、ベースカラーをグリーン×ホワイトにすることで清潔感と上品さを表現しました。
スケルトンのBOXには、色とりどりのお菓子とサンドウィッチを並べて目で見て楽しめるひと工夫。

「夜桜」 ～Yozakura～

アメリカの友人が晴れて日本での就職が決まり、自宅に旧友たちを招待して就職祝いの宴を開催。
日本の春の風情を感じてもらいたくて、テーブルランナーで川を模し、夜桜が舞い川面に流れる春の風物詩・お花見のテーブルでおもてなし。

テーブルウェア・フェスティバル 2020 服部幸應審査員賞受賞作品

Point

春の代名詞である「桜」を用いて、「和」×「大人」な夜桜の雰囲気を演出。お猪口のそこが桜の形という遊び心も。「黒×ピンク×シルバー」で統一して、シックな夜の雰囲気の中にピンクの華やかさをアクセントに。花器の代わりに流木を使って自然な桜の表情にこだわりました。

「賀正」　〜New Year〜

令和となり初めて家族と迎えるお正月。
これまでの感謝と新年への願いと抱負を胸に一家団欒のひとときを表現
しました。また、「黒×ゴールド」の色合いを用いることで、全体の中に
落ち着きと気品ある印象を生み出し、堅苦しくなりがちな点をアクセン
トカラーの赤色で程よく調和しています。邪気払いの黒豆や長寿の海
老など、新年の「幸せ」という願いをたくさん込めたおせち料理を家族
でおいしくいただきます。

御重箱の上にお猪口を乗せることでセンターラインに高さを表現

── Menu ──

● 車海老艶煮
● いくらの醤油漬け
● 筑前煮
● だて巻き玉子
● かまぼこ
● 南瓜の煮物
● 黒豆の甘煮
● ちらし寿司
● 日本酒、シャンパン

Point

一本松を中心に、黒・金・赤色
で全体を統一。お正月ならでは
の年のはじまりを祝う華やかさ
は、黒とゴールドで演出。テー
ブルランナーをずらして敢えて
赤色を見せている点がポイント。
松に結んだ水引は全体の色味と
合わせたお手製。またナプキン
リングも水引で統一し、全体に
フォーマル感を加えました。

食空間から広がる、
調和と豊かさの世界を

幼少期から料理が好きだった私は、中学生の頃から家族の食事を作るようになり、今思えば、それが私のおもてなしの原点になっていると思います。

ところが20代前半で怪我によって料理を挫折し、食の世界を諦めることとなり、私の日常は潤いのないものとなりました。

それから10年以上経過し、テーブルコーディネートの世界に魅了されて、食への情熱を再び取り戻してから、日常は楽しく豊かなものに変わったのです。

おもてなしといえば、ともすれば相手のことばかりに重きが置かれがちですが、空間は相手だけではなく、相手と自分とで作り出されます。
楽しい空間は自分も楽しんでいればこそ、豊かな空間は、自分も豊かであればこそ、生み出されるものと思っています。

自分の感性を大切にし、自分に優しくすることで相手への優しさも生まれ、喜びや心地よさが伝わり、おもてなしの空間は一期一会のかけがえのないものになると思います。
自らの体験で知った調和と豊かさ、みんなが喜び合える葛藤のない生き方を食を通して世界へ広げていきたい。
この想いで生きる日々の暮らしが、私の喜びです。

中村 公絵　　Kimie Nakamura
食空間コーディネーター

中村学園大学在学中より、食の幅広い分野のスペシャリストに師事し、食品メーカーにて商品やメニュー開発に携わった後、調理師養成施設に勤務。テーブルコーディネートは光田愛氏に師事し、料理と新次元思考テクノロジーとを融合した新しい食空間を通して、人々が喜び合える葛藤のない生き方、ライフスタイルを提案している。
管理栄養士 / 調理師 他、食関連の多数の資格を保有
ミロスアカデミー　ヒアリング スペシャリスト / 池坊正教授

Photograph
Lisa Kashitani

Location
Sol Poniente and others

初夏の碧海を眺めながら

碧い海と碧い空で繋がった、1つの碧い地球に暮らす私たち。
その地球で祝福されて生まれ、どれも欠けてはならなかった命。
忘れていた祝福、感謝を思い出したとき、目の前の世界は変わり出
す。
碧の地球のバランスは、1人ひとりの中にある。
そんな壮大な世界を想いながら語らう、豊かで小さな碧の食卓です。

カラーとオクラレルカの線を活かし、流れるように動かして

南部鉄器の青海波は未来永劫の平穏への願いが込められた吉祥文様

アクリル の折敷や花器、花留めを用いて涼やかさを表現

テーブルウェア・フェスティバル 2019　第 27 回　テーブルウェア大賞　〜優しい食空間コンテスト〜　テーブルウェア・コーディネート部門　入選作品

錫婚式の聖夜に感謝を込めて

クリスマス・イブに結婚してから早 10 年。
10周年の錫婚式の結婚記念日には、錫とクリスマスカラーのコーディネートにふたりが好きなお酒と料理を並べ、夫婦でお祝いのディナーを。
使うほどに美しく柔らかな光沢を放ち、味が出る、そんな錫のような関係になれたお互いとたくさんのご縁に、またこれからも進化するふたりの未来に想いを馳せて、感謝が溢れるテーブルに。

━ Menu ━

● 前菜 8 種盛り
● 刺身盛り合わせ
● 手毬寿司
● 鱈の蕪蒸し
● 牛ロースステーキ　野菜添え
● 鰤の潮汁
● チョコレートムース

Point

和と洋のクロスオーバーで、日本の食卓にも取り入れやすいクリスマスのコーディネートをしつらえました。クリスタルのアイテムなど、輝きのある素材をリピートすることで、クリスマスの華やかさと特別感が高まります。テーマカラーはシルバー。

明かりを灯すとクリスマスのムードが高まります

手作りのナプキンリングで温もりをプラスして

クリスマスカラーの食材や飾り切りで華やかに

119

テーブルウェア・フェスティバル 2020　第 28 回　テーブルウェア大賞　〜優しい食空間コンテスト〜　テーブルウェア・コーディネート部門　入選作品

結び　〜新たなる門出を祝して〜

恩師の導きで挑戦してきた、自分らしく生きるということ。
その中での目標の 1 つであった自分を表現するという夢が叶い、恩師を
招いて感謝の饗宴を。厄除けと再生、立身出世を表す鱗柄のお椀をメイ
ンにしながら、ご縁に感謝を込めた結びを用いて華やかに。
達成のお祝いと感謝、ここから広がる新たなる世界を祈念して、乾杯。

Point

日本古来の伝統、むすび（産霊／
むすひ）の文化。「陰陽相対的な
ものが和合して新しい活動が起
こる」という意味合いや、そこ
に込められる感謝やおもてなし
の心。重箱、プレートや箸置き、
至るところに結びを用いて、感
謝の想いを表現しました。
テーマカラーはゴールド。

グラスなどで高さを出すことで立体感とメリハリが生まれます

饗宴に相応しく、センターには漆に並べた酒器を配置して

ディナープレートの色と柄もテーマに合わせたものを

Bringing beautiful
Japanese life abroad

美しい日本の暮らしを、日本の器でそして海外へ

私のテーブルコーディネートのきっかけは、母が和食器のお店を経営してたことでした。日本中の窯元や、漆の産地を訪ねるたび、伝統工芸の素晴らしさや美しさを学び、惹かれていきました。そして四季折々の日本の器の素晴らしさを広めたいとテーブルコーディネーターとなり、主に西洋と東洋の文化を融合させた「和モダンスタイル」の食卓を中心に活動しています。家族、友人が集う食卓に一番必要なのは、コミュニケーション。高価な食事、豪華な食卓が「おもてなし」ではありません。人と人が笑顔になる「会話がご馳走」の食卓こそ本来の「おもてなし」、そして幸せの集合体であると提案します。また、日本に生まれ素晴らしい文化の中で生きてきた私達。日本の伝統文化を守り、そして海外へと美しい日本の食卓を紹介していきたいと思います。

茶を愉しむ夕暮れのティータイム

カービングアーティスト SACHIKO ISHIKAWA 氏の作品「金魚」を愛ながら味わう和菓子温かい茶の香りと、幻想的な灯でまるで食卓の上を泳いでいるように見える「金魚」初秋の夕暮れは暮れていきます

光田 愛　Mami Mitsuda

空間コーディネーター
食空間コーディネーター
株式会社陶花代表取締役
広島県出身。西洋と和の文化を調和させる「和モダン」を追求。パリで開催された日本文化の催しに出展、ニューヨーク、カーネギーホールにて空間コーディネート総指揮を務める。シンガポール、上海でもグローバルに活躍中。教室を主宰、和に特化したオリジナル商品の Web Shop も展開中。2018 年 OMOTENASHI SELECTION で金賞受賞。

www.mami-mitsuda.tokyo

【point】
candle カービングの朱赤と同様のレンガ色のディナー皿と月型の陶器。ひとり、ひとりに南部鉄瓶をつけて好みの茶を愉しむ時には、和菓子と合うシャンパンも良いかもしれません。

【協力紹介】
器　美濃焼
カービングアーティスト　石川幸子
Sachiko Ishikawa
1972 年、栃木県那須塩原生まれ。偶然観たテレビでカービングと出会い一瞬で虜に。カービングの魅力に引き込まれ、その魅力を伝えていきたいと思っている。素材に出会い、新たなカタチを吹き込む"ものをつくる楽しさ"は現在も進行形。多数メディアで紹介され、受賞作品も多数。
http://worldcarving.com

大きな窓一面に日本庭園、
美しい日本の四季を愛しながらの食卓

竹〜 bamboo 〜

織部の深い緑色を竹のイメージした器を使用し
中央の花はアクリル花器に竹を…。
華やかで気品のある蘭を生けています。
目と心を満たす至福のおもてなし。

凛とした和モダンを演出

【point】
庭園の緑と融合させるため、器は織部に。織部の丸皿は和室の「円窓」を表し、竹資材の黒の折敷は丸皿を引き立てるよう四角いものをコーディネートしました。

【協力紹介】
器　美濃焼
花　華道家　月足香 Tsukiashi Souka
坂田草峰（父）の影響を受け、幼少期よりいけばな草月流へ入門。父亡き後より父のいけばなへの意志を引き継ぐとともに、子どもたちへの花育を掲げ、子供華道教室や生涯学習支援活動も行う。華道展多数出品、コンクール受賞、フラワーデザイン、フラワーアレンジメント、ガーデンプランニング、盆栽など多種多様な植物全般を学ぶ。2019年久留米市芸術奨励賞受賞。
https://instagram.com/moon26141234?igshid=1kqsss2usyc0l

心と身体が喜ぶ ヘルシーな
「おうちごはんでおもてなし」

「おうちごはん」は家族の健康を考えたヘルシーなお料理が多いです。家族に「また作って!」と言われる得意料理が何品かあるかと思います。人気メニューのおうちごはんをお気に入りの器に盛り、テーブルに季節の草花を飾れば、だれもが喜ぶ「おもてなし」に。旬の食材、野菜やフルーツなどをたっぷり使ったお料理は心と身体が喜び、ほっとくつろげるおもてなしになります。

和食や和食材は世界に誇れるすばらしいもの。「懐石料理のように作らなければ……」と気負わずに、日々のおうちごはんでおもてなしすれば、気軽に人を招くことができます。冷凍術や時短料理を取り入れるともっと簡単にできます。外国のお料理を作りやすくアレンジして「おもてなし」するのも楽しいですね。日本の家庭料理ほどバラエティ豊かな食卓は類を見ないのではないでしょうか。

おいしいものを分かち合うと、楽しい会話が生まれ、笑顔になります。幸せな時間を共有していきたいです。

藤倉淳子　Junko Fujikura
料理研究家

千葉県市川市で料理教室「a table (ア ターブル)」を主宰。
上智大学外国語学部卒業後 大手総合商社勤務。 退職後 夫の赴任により
フランス・パリ駐在。 大学時代に短期留学したスペインや 駐在したフラン
スから 食と文化の影響を受ける。さまざまな教室で学び、フードコーディ
ネーター、野菜ソムリエ、豆腐マイスターなど食に関する資格を多数取得。
2012年より料理教室を主宰。

www.atable-jp.com
Instagram atable_junko

秋のおうちごはんでおもてなし

秋になると和食が食べたくなります。秋食材は
おいしいものがいっぱい。旬の野菜やフルーツ
を使ったおうちごはんで心安らぐおもてなし
を。食べて元気になるおうちごはんです。

Menu
● 巨峰と海鮮のおろし和え
● 無花果と春菊の塩麹ドレッシング
● さつま芋とかぼちゃのそぼろあん
● 茄子と豚肉の煮物
● 海老と蓮根の豆腐茶巾蒸し
● 秋鮭の南蛮焼き
● じゃこと大葉のごはん
● あら汁風味噌汁
● 抹茶甘酒豆乳ぷりん

Point
折敷を使うと見栄えよく、食事
を大切にいただく気持ちになり
ます。銀杏の器が秋を演出。漆
器の蓋つき椀に蒸しものを入れ
て冷めないように心配りを。夜
はキャンドルを灯すと癒しの効
果があります。紅葉や実物を飾
り、秋を楽しみます。

和食材を使ったフィンガーフードパーティー

春から夏にかけて、フィンガーフードでおもてなしする機会が増えます。ワイン好きな友人たちには気軽につまめるフィンガーフードが人気。見てかわいく、食べておいしく。少しずついろいろと食べられるフィンガーフードは女子会にぴったりです。野菜や魚介、和食材を使ったものが特に好評。品数が多くても味がかぶらずに楽しんでもらえるように、和食材や和の調味料でアクセントをつけます。

──── Menu ────
● フィンガーフード 15 種類
・蟹味噌バーニャカウダ
・トマトとモッツァレラのだしジュレ
・帆立のロースト麦と舞茸のクリームソース
・鯖のはんぺんピザ
・海と山のピンチョス
・バンバンジーお揚げ
・おつまみ海老
・小松菜マフィンなど

Point
フィンガーフードは小さなアクリルプレートや小皿にのせると取りやすい。品数が多いので、テーブルが平坦にならないように高さを出すことがポイント。初夏のテーブルは小花やハーブ、グリーンを飾り、爽やかでナチュラルな雰囲気に。

ミニ3段スタンドやアクリルケーキスタンドなどを使用して盛り付けに高さを出します。

フラットなガラスプレートにフィンガーフード全部盛り。ピックもいろいろ集めたい。

夏バージョンのテーブル。お寿司をミニドーナツ形のフィンガーフードに。

ポットラックに小松菜ケーキのフィンガーフードを。黒のスレートプレートにのせて。

129

北欧スタイルでカジュアルなおもてなし

北欧の暮らしは「ヒュッゲ」（居心地がいい時間や空間の意味）が欠かせません。何より居心地の良さが大切。キャンドル卓にしても北欧らしさを表せます。窓辺には幸せを運んでくる馬と言われている「ダーラナホース」を飾りました。トーキンググッズとして会話の糸口に。

```
┌─────────────────────┐
│ ── Menu ──           │
│                      │
│ ●豆スープ             │
│ ●スモーブロー          │
│ ●サーモンテリーヌ       │
│ ●スウェーデン風ミートボール │
│ ●ブルーベリークランブル   │
│  チーズケーキ          │
└─────────────────────┘
```

Point

木々をプリントしたテーブルクロスで北欧の森をイメージ。北欧カラーでナチュラルなコーディネート

スモーブロー（北欧のオープンサンドイッチ）で気軽なおもてなし。

北欧では木曜日に豆のスープを食べる習慣があります。水戻し不要のレンズ豆でお手軽に。

中華料理でおもてなし ～紫陽花の季節に～

季節を感じられるテーブルコーディネートでみんな大好き
定番中華のおもてなし。白い紫陽花を飾り、ナプキンはか
たつむりの形に折りました。白と紺のコントラスト配色で
爽やかに。涼しげなガラスの器で初夏を感じさせて。

--- Menu ---
- 豆腐の中華サラダ
- あさりの春野菜蒸し
- 海老雲呑スープ
- 麻婆豆腐
- 中華ちまき
- マーラーカオ
- タピオカココナッツミルク

マーラーカオはミニ蒸籠に入れて。ミネラルの多い黒砂糖で味わい深い美味しさ。

野菜たっぷり中華のおかず。竹皮巻きのちまきは香りもごちそう。

イースターを楽しむ　〜春野菜を味わう〜

季節行事や節句を楽しみながらのおもてなしも素敵です。海外生まれのイベント「イースター」は復活祭で春のお祭り。シンボルの卵やうさぎなどのモチーフを使い、イースターカラーのテーブルコーディネートでお迎えします。春食材を使ったお料理でお祝いしてみませんか？

──── Menu ────
●トマトファルシ空豆のソース
●新じゃがのクラフティ
●アスパラガスのリゾット
●豆入りミートローフ
●苺のパンナコッタ
●豆腐ブラウニー

Point
エッグハントをイメージして籠に入れたイースタエッグを並べました。イースターカラーの花が蓋になっている器は春ならでは。ラタン製のアンダープレートで温かみを。ナプキン折りはうさぎでかわいらしく。パンジーやムスカリなど春の花を飾って。

窓辺とテーブルセンターにイースターアレンジメントを飾って、食空間に広がりを持たせます。

鳥かごアレンジには本物に見えるうずらの卵を入れて。

春色カクテルと春野菜料理でおもてなし。

子供たちとイースターパーティー。

テーブルから始まる世界旅行

今回のテーマが「日本と世界のテーブル・料理」と聞き、真っ先に頭に浮かんだのは、日本と、どこか外国の都市をテーマとした異なるテーブルを制作し、テーブルコーディネートの愉しみを皆様にお伝えできれば……ということでした。

まず、日本のテーブルでは、全て MADE IN JAPAN のテーブルウェアを使って和モダンなテーブルをしつらえました。和食がユネスコ無形文化遺産に登録され、世界での和食ブーム、日本酒ブームに勢いを感じます。今回は、グラスは全て東京のガラス職人によって作られた木本硝子の江戸切子、酒器、テーブルウェアはシンプルで飽きのこないマルミツポテリのモダンな器を贅沢に使って、現代の私たちの生活に合う和モダンスタイルで日本酒をもっと気軽に、おしゃれに楽しむテーブルをご提案させていただきました。そして、もう一つは、カジュアルなテーブルウェアと小物類を使い、憧れのパリのビストロをイメージして「女子旅に行きたい」という気持ちを込めてテーブル制作しました。

テーブルコーディネートの醍醐味は、ゲストの方々を想い、気持ちを込めてコーディネートをすることで、その方々に幸せな気持ちになれる魔法をかけてあげられることだと思います。世界各国や都市をテーマにしてテーブルを作っておもてなしをすれば、テーブルを囲んだ方々と一緒に世界旅行した気分を味わうことができます。たった数時間の食事の時間でも、一生心に残る素晴らしい思い出を作ることも可能なのです。そんなパワーがテーブルコーディネートにはあるのではないかと思っております。

テーブルから広がる幸せの輪を、皆様にもお届けできますように……。

長坂美奈子　Minako Nagasaka
料理研究家・食空間プランナー

誰でも簡単に楽しく作れる料理＆テーブルコーディネートサロン「MINA'S DINING TABLE」主宰。百貨店等での料理・テーブルコーディネート講師、食空間プロデュース、レシピ開発、ケータリング、雑誌掲載など多方面で活動中。一般社団法人日本ホームパーティー協会認定エキスパート＆ホームパーティー検定® 認定講師
www.minas-dinig-table.com
blog　www.ameblo.jp/spiceupyourliving
Instagram　minasdiningtable

Photograph
Akiko Matsuzawa

135

テーブルで旅する秋のフレンチビストロ

秋のフレンチビストロをイメージして、カジュアルで、温かみのあるカラーでまとめたテーブルコーディネートで大人女子のホームパーティーのはじまり。お料理で使うテーブルウェアは、最初からコーディネートの一部としてパーソナルセッティングしておくと、テーブルに高低差を出し、動きのある魅力的なテーブルになります。フィギュア（テーブル上に飾る小物類）も、テーマに合ったものを選んで、所々に遊び心を入れると、ワクワクしたテーブルに仕上がります。

—— **Menu** ——
● 秋のお楽しみアミューズの盛り合わせ（ミニグリッシーニのハモンセラーノ巻き、ハート形モッツァレラチーズのカプレーゼピンチョス仕立て、キャロットラペのチコリのせ、さつまいものキャラメリゼ）
● スパイシーミネストローネ、
● チキンのロースト・オレンジソース
● チョコレートテリーヌ

Point

全体的に低めの高さで小物類をディスプレイすることでカジュアルなビストロの雰囲気を演出。収穫の秋なので、バスケットにアーティフィシャルの野菜や果物をのせ、さらにウイスキーボンボンやパリ土産のチョコ缶をコーディネートして遊び心のある大人カジュアルなテーブルに仕上げました。

時間に余裕が生まれるオーブン料理をメインに。お料理の色もテーブルと合わせて

お楽しみアミューズの盛り合わせもカラーを意識して、秋らしさを演出

スパークリングワインにラズベリーを浮かべてお洒落に。ゲストの目の前で作る演出で

デザートは前日から冷蔵庫で冷やして作り置きできるメニューをセレクト

日本酒を愉しむ春の和モダンテーブル

新緑が美しい季節。日本酒が好きな女友達を招いてのカジュアルイタ
リアンランチ会。ワインを飲むようなスタイルで、日本酒をおしゃれ
にイタリアンフードと愉しみます。
目の前に用意された色々なデザインの酒器を手に取れば、そこから会
話も盛り上がります。また、驚きなのは同じボトルの日本酒でも酒器
が変わると味、香りも変わってくるということ。ランチ会からテイス
ティング会に早変わり。

─── Menu ───

● カプレーゼ
● フェタチーズの彩り
　ビューティーサラダ
● ペンネのゴルゴンゾーラソース
● 冷凍ミックスベリーのホワイト
　チョコとリモンチェッロソースがけ

Point

和と洋のスタイルを組み合わせ
たクロスオーバースタイル。テー
ブルウェアは、すべて MADE IN
JAPAN、職人手作りの江戸切子
のタンブラーや硝子酒器、和紙
や着物の帯なども使って和のテ
イストを演出。現代の生活に合
うスタイリッシュさと、女性ら
しさも意識して。

ナプキンの形一つでテーブルに女性らしさをプラス

パーソナルセッティングには取り分けスタイルの器を

パブリックスペースには、さまざまなデザインの硝子酒器を用意して

お箸で頂くカジュアルイタリアンと日本酒のペアリング

Let's enjoy using sake glasses more often in our everyday life!!!

日常で愉しむ硝子酒器

和食がユネスコ無形文化遺産として登録され、それに伴い日本酒も世界中でブームになってきています。日本国内においては、若者の日本酒離れなどといった言葉も耳にしますが、この素晴らしい「日本酒と文化」を、もっと気軽に、カジュアルに愉しみましょう。ご自宅の食器棚の奥に眠っている硝子酒器はございませんか？　早速、食器棚をチェックして、硝子酒器を毎日の生活に取り入れてみてください。ちょっとした幸せが訪れるはずです。

冷抹茶でおもてなし

お抹茶を点てて氷を入れた冷抹茶を硝子酒器に注ぎ、干菓子と一緒にお出しすれば、素敵な日本らしいおもてなしに。日本の暑い夏に粋なおもてなしの演出となります。お抹茶がカジュアルな形となり、外国からのお客様にも大変喜ばれることでしょう。

おつまみ用の容器に

ちょっとしたおつまみも、日常使いの平たい小皿にのせるのではなく、硝子酒器に盛ってみると、中に入れたものがよく見え、高さも出るので見栄えアップ。ナッツ類やドライフルーツ、チーズなど種類を変えて並べればカクテルパーティーでも大活躍。

デザート容器に

アイスクリーム、ゼリー、プリン、ムースなどを酒器に盛り付けます。硝子の器が涼し気で、シンプルなデザートでもおめかしされスタイリッシュな演出にもなります。酒器のデザインで使い分けてみましょう。

花器として

ちょっとした小さなお花をいけるのに、ちょうどいいサイズなのが硝子酒器。飲食用にこだわらず、花器としても使ってみるのもおすすめです。ウエルカムフラワーとして飾れば、テーブルに華やかさをプラス。

ONKO - CHISHIN
〜古きを温めて新しきを知る〜

私は基本的にはシンプルでモダンなテーブルが好き。テーマやシーンを変えてみても何となく底にはそんな雰囲気が流れている。いつもテーブルコーディネートは引き算だと思っているし、今まで物を捨てることにもあまり抵抗がなかったのだが……。

近々両親が半世紀近く暮らした実家を処分することになり、思い出深い物たちとひとつひとつと向き合うことになった。父の集めた本やフィギュアの類い、母の集めた骨董の陶磁器、漆器、古布、掛軸や額など、右から左へ捨てるには忍びない。物のない時代に育った世代は大人になってからたくさんの物を欲しがり蒐集した。

シンプルモダンの対極にある、ごちゃごちゃとした膨大な数の品々の中から本当に大切な物を選び出すのは時間もかかり、なかなか骨の折れる作業である。

この際だから手持ちのテーブルアイテムとコーディネートできないかと思いたち、試行錯誤をくり返している。実家整理の日々は大変だがある意味とても楽しい時間でもある。独身だった頃の私がそこにいて家族と過ごした大切な時間が蘇る。

「古い」と「新しい」はくり返される。思い出はこうして現在へさらに未来へと紡がれていく。

杉原 京子　　Kyoko Sugihara
食空間コーディネーター

大学卒業後、大手航空会社に勤務。退職後テーブルコーディネートの勉強をはじめる。第 28 回テーブルウェア大賞〜優しい食空間コンテスト入選
食空間トータルプロデュース「Takk creation」代表。
NPO 法人食空間コーディネート協会認定講師。同協会卓育インストラクター。ジャパンテーブルアーチストアカデミー認定講師。

www.takkcreation.com

床の間に御所人形を飾り母と祝うひな祭り

さる男爵家の持ち物だったらしいのだが詳細はわからない。母がかつて東寺の骨董市で買い求めた御所人形の雛たち。このすべすべの胡粉の肌をした赤ちゃん雛人形は大変めずらしく表情が豊かでずっと眺めていても飽きない。実家の床の間に平置きにして並べ、ひなの掛軸をかけ、さらに鴨居からは柳川地方の「さげもん」を吊るし、最後の上巳の節句を母と華やかに祝う。

Point

越前塗のモダンな李朝膳をお雛様の前に並べ母と二人で上巳の節句を祝う。器は母の普段使いの骨董に私の現代のアイテムを混ぜて使い、薄桃色の縮緬のナプキンで春らしさを添える。箸とスプーンはシルバー系で揃え箸置きに女雛と男雛を用いて遊び心を加える。

女雛は愛らしく微笑んでほんの少し男雛の方を向いている

お膳は本物の蒔絵だがご馳走は失われて鯛と巻き寿司だけに

母の集めた古い染付や色絵の器で存在感のあるコーディネート

重陽の酒宴　〜菊慈童の盃洗を愛でる〜

能の「菊慈童」を謡うと必ずお酒を飲みたくなるのが不思議。能の仲間
を誘い、我が家で軽くお稽古した後、早い時間からゆっくりお酒を嗜む。
実家にあった菊慈童の絵の盃洗が珍しいので皆さんにご覧いただく。秋
の陽はつるべ落としに暮れいつのまにかあたりは薄暗くなっている。菊
の香とお酒に陶然となり、七百歳は無理でも少しは寿命が延びただろう
か。雅なひとときを趣味の仲間と過ごす幸せ。

黄菊の花の水引をアクセントに金と朱と白で統一されたテーブル

蒔絵の大皿には菊酒と古伊万里の小皿をとりどりに並べる

骨董の菊慈童の絵の盃洗には菊の葉を浮かべて楽しむ

テーブルフラワーは古い重箱にモダンな菊の花を彩りよく詰めて

両親の長寿を祝って高砂を謡う

両親の喜寿と金婚式が重なり大変におめでたい。春の一日家族が集まり
盛大に祝う。長寿のシンボルである鶴亀の膳と母の古い松竹梅の帯をラ
ンナーに用いて目出度さを表す。博多人形は結納のとき、新郎から新婦
へ贈られる品。この高砂の尉と姥のようにいつまでも仲良く元気に暮ら
してもらいたいとの願いを込めて皆で高砂を謡う。母の集めた骨董の器
に好物を盛り、父の大好きな日本酒を酌み交わしながら家族の思い出話
はいつまでも尽きない。

献立も和洋折衷、両親の好物を私の手料理でもてなす

Mizuhiki works by Naoko Sugihara

───── Menu ─────

● 鯛と伊勢海老の刺身
● 筍と蕗の炊き合わせ
● ひとくちフィレステーキ
　大根おろし添え
● 茶碗蒸し
● ミニ鰻丼

Point

ロイヤルブルーのクロスに同系
色の松竹梅の帯のランナーを敷
き、古伊万里の色絵の器を使っ
て祝いの席を華やかに演出。キャ
ンドルはモダンなものに水引を
かけて和のテイストにアレンジ。
背景に謡曲高砂の一節と仕舞の
舞扇を飾り荘厳な雰囲気を表現
した。

真珠婚を迎える友人夫妻をおもてなし

ハネムーンで訪れた南の島を思い出しながら、結婚30年を祝う真珠婚の
テーブル。同じく真珠婚を迎えた友人夫婦を招きシャンパンで乾杯。初
夏の爽やかな夕暮れのなか、ワインの酔いも手伝って楽しい会話が弾む。
海から生まれた美しい泡をイメージしたテーブルのどこかに本物の真珠
のネックレスが隠されている。それは夫から妻への感謝を込めたサプラ
イズプレゼント。

思い出のシーフードメニューをガラスの器に涼しげに盛り付けて

--- Menu ---
● 冷たい桃のスープ
● 小海老と帆立の前菜
● アサリとトマトの冷製パスタ
● 鯛の香草焼き レモンバターソース
● シーフードサラダ
● シャンパン
● 白ワイン

Point
ブルーグレーのモアレのクロス
に波が寄せるようなイメージで
レースを斜めがけ。鏡を使って
周囲の景色を映り込ませ開放的
な気分を演出。パーリーなカト
ラリーや気泡の入ったガラスの
器、貝のフィギュアなどを使っ
て海辺のイメージを表現した。

心も満たされるおもてなしを

日本独自の文化である「おもてなし」の語源のひとつは、「表なし」だと
聞いたことがあります。裏表がないという意味で、裏表のない心でお客様
をお迎えし、できることを精一杯する気遣いのことだそうです。言われて
みれば、お正月のおせちから大晦日の年越し蕎麦まで、日本には食卓を囲
む伝統行事が一年を通して数多くあり、そこにはいつも心のこもったお料
理と、そのお料理をおいしく食べていただこうとする、作り手の気遣いが
あったことに気づきます。

私のお教室では、主に日本の歳時記からテーマをもうけ、その季節の花を
飾り、旬の食材を使ったメニューを提案しています。食卓を通じて日本の
伝統文化に触れてもらい、おもてなしの心をお伝えしたいと思うためです。
そして、四季折々に変化する食卓で、楽しそうに食べてくださる生徒さん
たちの姿を見ると、私も心のごちそうをいただいているような気持ちにな
り、幸せを感じることができるからです。

食事は私たちの体だけでなく、心もつくります。食材が健康な体をつくり
あげ、楽しく食事をする時間が豊かな心を育み、人生を素敵にします。食
べることは生きることそのものと言えるかもしれません。だからこそ、心
地よく食事ができるようテーブルを調え、新鮮な食材で料理を作り、目で
も楽しめる器に美しく盛り付けることにこだわりたいと思います。そうし
て設えた食卓でお客様が笑顔になってくださったときが、私にとっての"最
上のおもてなし"の瞬間だと思っています。

阿部真澄美　　Masumi Abe
フード&テーブルスタイリスト

2007 年より、季節感を大切にした料理とテーブルコーディネートを提案す
る「メゾン・ド・クレール」を主宰。2008 年にはロシアの日本大使館から
の招待を受け、モスクワ・サンクトベテルブルクにて日本のおもてなしのデ
モンストレーションを行うなど、日本のおもてなし文化の普及にも力を注ぐ。
ジュニア野菜ソムリエの資格を活かして、日本の気候風土に根づいた発酵
食・季節の保存食・酵素ジュースのレシピも提案中。

www.m-clair.com

Photograph JUNKO

春を謳う桃の節句の室礼

女児の健やかな成長と幸せを祈る日であるとともに、体調を崩しがちな桃の季節の厄を除ける意味もあった桃の節句。そんな古くからの風習を現代に再現した室礼です。卓上に雪洞（ぼんぼり）や菱餅などのお雛道具を配し、茶巾寿司の黄や菜の花の緑、青大豆の青といった食材の彩りで、春の訪れへの喜びを表現しました。

Menu

- お白酒
- 菜の花の昆布〆
- 彩り豆の煮浸し
- 空也蒸し
- 鮭と帆立の生姜粕漬け
- 牛肉の味噌和え
- 茶巾寿司
- 黒豆と落花生のくずもち

Point

雛人形を飾る際に用いられる毛氈をセンターピースとして敷き、縮緬素材のひもでナプキンを結ぶなど、日本の伝統行事らしい和の趣を取り入れたテーブルに。サイズの異なる小皿をバランスよく配することで、春らしい躍動感と女の子のお祝いにふさわしい華やぎを演出しました

伝統を尊ぶ年賀の室礼

一年の最初の節句となるお正月を厳かに迎え、平穏無事への願い
を込める新年の祝いの室礼です。神様への供え物に端を発するお
せち料理の伝統を重んじて、代表的なおせちを彩りよくお皿に盛
りつけました。九谷焼の八寸皿等、骨董の焼き物や漆のお椀を使
うことで、器にも伝統の継承を意識しています。

─── Menu ───
●黒豆
●たたきごぼう
●アーモンドのごまめ
●杏なます
●大和芋のきんとん
●伊達巻
●鶏もも肉の巻き蒸し
●サーモンマリネ
●白みそ椀

Point

新年の慶びを祝うおめでたさの
中にも、一年の節目となる伝統
行事としての格式を感じさせる
食卓に。古伊万里の和皿や輪島
塗の重箱といった伝統工芸品
や、器に描かれた吉祥柄や金彩
のあしらいで、伝統のもつ重厚
感と晴れの日の華やぎを演出し
ました。

ナプキンは紅白の水引で結んで祝いの膳に和の趣を

食卓に格式を添える、金彩が美しい輪島塗の重箱

「めでたさを重ねる」の意味を込め、個々にも小さな重箱を

着物の帯をテーブルクロスにし、フラワーベースには盃洗を使用

涼を呼ぶ小暑の室礼

本格的な暑さへ向かう小暑の候を、涼やかに過ごす日の室礼です。
テーブル全体が爽やかな印象になるようブルーを基調にコーディ
ネートし、花も食器も青にこだわりました。藍が美しい清水焼の
お皿と、デルフィニウム、ブルースター、ルリタマアザミといっ
た青の生花が、清風のそよぎを感じさせます。

─── Menu ───

● トマトの浸し汁
● 卵豆腐の冷やし鉢
● 鱧の胡麻揚げ
● 豚しゃぶといちじくの
　 ごま味噌ソースかけ
● 木耳と新生姜ご飯
● マンゴーパフェ

Point

清涼感の演出のために多色使い
はせずに、テーブルのキーカ
ラーをブルーで統一。ランチョ
ンマットの上に半透明のアクリ
ル板をのせて、水面の揺らぎを
思わせる涼感を表現するととも
に、青の生花をゲストそれぞれ
のお皿に飾り、目で涼をとるこ
とにもこだわりました。

生花を飾るフラワーベースには蕎麦猪口を使用

レースのドイリーとガラスの器でトマトの赤も涼しげに

食事をするときは銘々皿にあった生花をセンターに並べて

デザートにはミントを添えるなど、細部に清涼感を

大人が主役の聖夜の室礼

大人が気楽に集まって楽しめる、クリスマスの日の室礼です。クリスマスにおなじみの赤と緑でまとめてしまうとワンパターンになりがちなため、毎年違ったテーマカラーを設け、その色のイメージをもとにコーディネートしています。上でご紹介している写真は、ボルドーとオレンジをテーマカラーにしたテーブルです。

156

Napkin folding ideas
テーブルナプキンのアレンジアイディア

テーブルコーディネートの印象を、大きく左右するのがテーブルナプキン。
そのアレンジのアイディアをいくつかご紹介いたします。

シルバーと白をテーマカラーに、花の赤でアクセントを

ゴールドと白をテーマカラーにし、オレンジを差し色に

ブルーをテーマカラーに、ナプキンを結ぶリボンとキャンドルも青で統一

グリーンと白を基調に、ビーズのナプキンリングで清涼感を演出

悠久の刻の流れの中で

骨董との出会いは、不思議な縁に導かれています。

雑誌で一目惚れしたお皿に、数ヶ月後骨董市で偶然出会ったり、対の器が別々の場所でそろったり…。

ふと立ち寄ったお店で偶然、桜の屏風を見つけ、一目で魅せられた私は、桜の屏風に合う火鉢を見つけ、屏風に合う器を集め、それに合う料理を作り、たくさんの人と出会い、澟の邸の世界へと広がっていったのです。

海を渡り、時を渡り…。

古美術はどのような人の手を経て、どのような時を見てきたのでしょうか。私を導いてくれた骨董は、私が一時預かっているだけであり、また次の方へと渡っていくものなのです。骨董を手にした者は、次の持ち主の方に託し、渡していく役目を背負っています。

移り行く季節の中、悠久の刻の流れに身を任せ、古き良きものたちは旅を続けてゆきます。

ふと強く惹きつけられたそれらは、どんな世界を私たちに魅せてくれるでしょうか。

澟の邸へいらっしゃって下さった方との一期一会を大切に、心地よい空間の中でおくつろぎいただき、季節、お料理、骨董の世界への避逅を願っております。

海野可代子　*kayoko unno*
食空間コーディネーター

澟の邸主宰。看護師として、大学病院手術室勤務などを定年まで勤め上げる。在職中、夜勤の休憩時間に料理研究家の本を読むのが楽しみの一つであったことから、お料理教室に通うように。定年前に調理師免許を取得し、夢であった念願の自宅ダイニング『澟の邸』をオープン。お料理教室、テーブルコーディネート教室も主宰。

www.unnotei.com
Instagram unnotei

Photograph　Shion Koizumi

春爛漫

長い冬が終わり、全てのものが芽吹く春、私の一番好きな桜の季節が訪れます。

澪の邸、春のテーブルコーディネートは、柔らかな春の日差しの金色と、咲き誇る華やかな桜色に染まり、ゲストをおもてなし。柔らかな光の中で、春の宴の始まりです。

春のディスプレイは水屋箪笥の上に獅子の欄間を置いて、色合いに一目惚れした牡丹と桜とコブシの額絵を飾り、お客様をお迎えします。

Point
テーブルは長年 "蔵" で使われていた扉をリメイクしたこだわりのもの。テーブルランナーやフラワーアレンジをあえて使用せず、蔵戸の質感を肌で感じてもらえるようなコーディネートに。この扉には、縁起ものとして知られる鶴と亀が彫られています。

凜の邸の世界へと導いてくれる枝垂桜の屏風

瓦の花入れもフィンガーフード台に

ガラスの三段重は銘々皿としても重宝します

骨董の額には春の桜と辛夷の花の絵で

涼風至

澐の邸、夏のテーブルコーディネートは、爽やかな色合いで涼しげな風
を感じられるように、グリーンをたくさん取り入れています。ベランダ
では、35年前に骨董屋さんから連れ帰った火鉢に植えた、冬サンゴの赤
い実が、夏の日差しの中で生命の息吹きを感じさせます。

― Menu ―
●海老春巻
●トマトの玉ねぎソースサラダ
●コリンキーのサラダ
●冬瓜器の梅素麺
●ローストビーフのみぞれがけ
●杏仁豆腐　白玉あんこ

Point
素材を生かしたコーディネート
が光る夏の膳。素材の味を楽し
むシンプルさに加え、冬瓜をく
り抜き梅素麺の器として使用す
ることで、お客様の視覚にも驚
きを与えています。器は骨董に
加えガラス製のものを多く使用
し、透明感漂う盛り付けを意識
しています。

欄間もテーブルセンター代わりに

季節の葉は、テーブルを華やかにしてくれます

ガラスの器と骨董の微塵柄は相性がとても良くて

大好きな紅葉は色々な場面に登場します

秋の日は釣瓶落とし

秋のエントランスは、花鳥風月のモニュメントと蔵行灯がお客様をお出
迎え。いらっしゃった方の足を止め、澪の邸の世界へといざないます。
蔵戸を使ったテーブルの上に、欄間を置いて、フィンガーフードを並べ
ます。お重は、東北の骨董屋さんで見つけた、月と兎とススキ模様。お
気に入りのお重です。椅子は、背中に聖書入れがついているアンティー
クの一品。イギリスの教会で使われていたものだそうです。
月と兎に思いをはせながらゆったりと秋を楽しむテーブルにしました。

――――― Menu ―――――
● アスパラセルクルサラダ
● スモークサーモンのカナッペ
● 里芋蒸し饅頭
● 海老の一口手毬

Point
月をモチーフにした折敷の上に
はアコヤ貝の器を配置。六寸皿
は古伊万里の貴重な骨董品。ア
コヤ貝の特徴的なデザインと古
伊万里の繊細な模様で、芳醇な
秋を演出。欄間の上には月とす
すきが描かれたお重を飾り、兎
と一緒にお月見を。

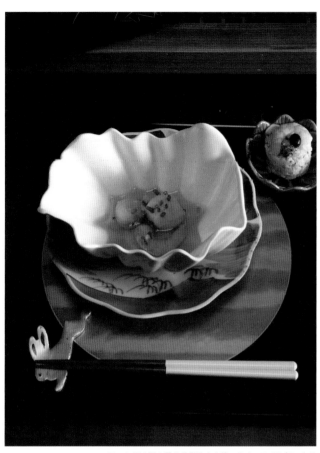
アコヤ貝の形の器は見栄えよく使いやすいのでお気に入り

月のようなお皿に兎の箸置きを合わせて、まるで月まで飛び跳ねる兎さん

手毬寿司やサーモンマリネなどの色を引き立てるガラス器

漂の邸玄関と言えば花鳥風月の額

piece 1

シリワンピタウェイ

サンカローク焼き

タイのスコータイ王朝を代表する歴史のある陶器。魚や植物の模様はスコータイ時代の豊かさを表しています。日本人にも親しみのある色やデザインなので和食にもコーディネートしやすいです。

piece 2

佐々木綾子

ブロカントやアンティークのリキュールグラス

ほんの一口サイズの小ささや、カラーグラスの可愛さにぞっこんです。お気に入りのおもてなしは、食後、リモンチェッロのシャーベットを入れて、お好きなグラスを手に取っていただくスタイル。

piece 3

齋藤聡子

器作家さんこだわりの波紋皿

料理を盛りつけたとき、波紋の陰影がでてとても立体的に美しく見えます。お食事にもデザートでも何にでもあう万能な器。いろいろな形やサイズ、質感があるので形や色違いでそろえるのも楽しいです。

見野大介さんの作品

piece 4

じゅんこ

HERENDのティーポット

英国エリザベス女王ご成婚70周年のプラチナ婚を祝い、2017年に70個限定にて発売されたプラチナ彩のティーポット。蓋のつまみの王冠に魅入られました。抑えた色味はどんなティーセットとも相性抜群です。

piece 5

大井直子

ガラスのカトラリーレスト

10年以上愛用しているSghrのカトラリーレスト。和洋中どんなお食事シーンにも使える優れものでシンプルなフォルムが気に入っています。長さもたっぷりあるのでお箸やスプーンも置けます。

Sghr（スガハラガラス）
カトラリーレスト四角（クリア）

piece 6

杉原京子

染付の盃洗いろいろ

骨董ですが、普段使いにしています。染付の色合いが柔らかく和にも洋にも合うので煮豆を入れたり、フルーツやキャンディを入れたりも。水を張って花を一輪浮かべるのも素敵。使いまわしの効く重宝な逸品。

piece
7

稲富文恵

ピューターのワインクーラー

30年近く愛用しているワインクーラー。シルバーとは違い華やかさには欠けますが、重厚な渋みも増してきました。和洋シノワと使えますし、ナチュラルやモダンなどさまざまなスタイルに適応します。

piece
8

斉藤芳文

アイアンスタンド

使い方次第で変化する優れもの。お皿を置いて前菜、デザートをのせてアフタヌーンティー。深さのある器を花器に。そのままキャビネットの上に置いてインテリアにと。大好きな作家さんの作品です。

TSUNE　田中恒子 <official>

piece
9

ブローダセン麻衣

Arne Jacobsenシリーズのカトラリー

デンマークの老舗 Georg Jensen のカトラリー。ミニマリスティックで個性的なフォルムがお気に入り。和のスタイルとも相性がよく、コーディネートを洗練されたものにしてくれます。

piece
10

陳楊

青磁の茶器セット

景徳鎮で出会った青磁の茶器セット。茶壺(急須)に茶海(ピッチャーのようなもの)、茶杯と聞香杯のセットになります。上品な色合いと繊細な透かし彫りで様々なシーンに馴染む私のお気に入り。

piece
11

菅生美希

丹心窯のポット＆カップ

丹心窯のポット＆カップは「水晶彫」と呼ばれる透かし彫りの技法と伝統的な染付文様による意匠を凝らした工芸品。涼やかで透明感あふれる印象は、おもてなしのラストを盛り立ててくれます。

piece
12

中村公絵

JAPAN BLUE
古伊万里草花紋　銘々皿

職人さんが手仕事で作られる様子を拝見し、器が好きになるきっかけをくれたお皿です。　伝統的な吉祥文様の配色を変え、モダンにリデザインされた器なので合わせやすく食卓に華やかさを添えてくれます。

伝統を受け継ぎ　優しさを添えて
新しい時代へ

綺麗なもの・楽しむことが好きな祖母と両親は、私が幼少期より本物に触れるたくさんの感動体験を通して、感性を育て、心が豊かであることの大切さを教えてくれました。

大好きな音楽からブライダルの世界に入り、結婚、子育て、転勤、東日本大震災…環境の変化が女性にもたらす影響に戸惑い奮闘していたころ、食空間の学びに出会いました。
うれしいときも、辛く悲しいときも、全力で頑張って来た好きと得意と経験のすべてを私らしさとして受け入れてくれるテーブルの世界は、私を癒し「卓育」として我が子の感性を育み、伝統と優しい心を次の世代に継承できる、私らしい子育ての場となりました。

伝統・歴史を学び、日本・世界を知り、自分の感性でその伝統に今を加え、相手を思いたくさんの優しさを食卓に表現するテーブルコーディネート。
食空間を通し、次の時代の担い手と優しさ溢れる時間を共有することで、いつの日か大好きな家族との思い出とともに、日本の文化と優しい心が世界中に広がっていくことを願います。
私らしく今を感じ、心が豊かであることの大切さをたくさんの皆様にお伝えしていけたら幸いです。

小林知恵子　　Chieko Kobayashi
食空間コーディネーター

心豊かな暮らしを提案する、テーブルコーディネートサロン「Richesse」主宰。TALKテーブル作品展「協会賞」。TALK作品展、東京ドームテーブルコンテスト入選多数。NPO法人食空間コーディネート協会認定講師・卓育インストラクター・大学非常勤講師・ブライダル司会を務める他、企業、百貨店、教育機関にて講座、講演会、スタイリングなどを行い、行政子育て支援事業者として、プロデュース、イベント等で地域活性化に携わる。東京都出身。

www.richesse-japan.com
Instagram　chieko.richesse

Photograph
Yukari Narita/Chieko Kobayashi

Cooperation
Yoshida Architectur Ltd
Hanasaku Co..Ltd

卒業＝巣立ちととらえ、サラダ
ボールにワイヤーとグリーンを
あしらい、鳥の巣に。ナプキン
は卒業証書に見立てました。成
長過程における親子それぞれの
気持ちをさりげなくコーディ
ネートに忍ばせ思いを込めます。

Welcome

ひよこたちの大冒険
～小学校卒業を祝う仲良しママの食卓～

イースターにちなんで可愛い食卓を演出しましたが、小
学校を巣立ったばかりの我が子たちに、どうしてもひよ
このフィギュアが重なってしまいます。巣から飛び出し、
広い世界に出た好奇心旺盛なひよこたち。ウサギに見つ
からないかと、なんだか心配です。ドウダンツツジを木
に見立て、いつもそっと見守る親の気持ちを表現します。

輝く未来へ　〜長年の夢を叶えた友人を祝うランチ〜

子育て期をともに過ごし、心が折れそうなときも助け合ってきたからこそ「女性としてあなたらしく輝いてほしい」と、エレガントな食卓で心からのエールを送ります。
震災の被害を受けてもなお、復興しつつある地元の農産物、伝統工芸品を食卓にたくさん集めて、輝く未来に乾杯。

Point

アーバンエレガントを意識し、上質なアイテムを使用し、全体の色をあえて抑え、無彩色とグリーンで、都会的で洗練されたエレガントさを食卓に表現。ギフトとして用意した、落ち着いた輝きを放つピンクのバラを一つテーブルに添え大人の女性らしさをドラマチックに演出。

窓からの景色、自然光が、より一層癒しの食卓を引き立てます

ガラスのサラダボウルで、爽やかな空気感を演出

ボトルにもタッセルを掛けて、お洒落に

171

先人に学ぶ心と技
〜父の古希を3世代で祝う食卓〜

夏休みの宿題を兼ね、隅田川の船に乗り「日本」を感じる場所を散策。
夕食は、70歳を過ぎて念願の富士山初登頂を叶えた父を称え、雲海に浮かぶ富士山とご来光も表現しました。
葛飾北斎の浮世絵を意識し、江戸切子、錫の箸置き…一緒に見学した江戸の職人技を並べれば、世代を超えて文化を通し孫との会話が弾みます。

── Menu ──
● 前菜三種(くるみ豆腐・鶏ハム・ほうれん草の胡麻和え)
● カツオのたたき
● 冬瓜とえびのそぼろあんかけ
● 夏野菜の天婦羅
● じゅんさいのお吸い物
● 五目寿司
● 元祖くず餅
● 冷酒 / 冷茶

Point
父、富士山、葛飾北斎、江戸、文化継承…食卓を囲む相手を思い、想像力を膨らませたプランニング。サラダボウルを伏せた富士山。記念写真とリンクさせた差し色のご来光。ナプキンワークは、浮世絵に合せて舟の形に。

扇の器に心からのお祝いの気持ちを込めて

はんなりと
～成人を祝う食卓～

元号が令和となり、どこか時代の新しい風を感じる今日この頃。
ぜひ女の子には、上品でありながら華やかに、「はんなりと」し
た女性になって欲しいと願いを込めました。コーディネートは、
伝統を意識しながらも、明るく華やかに、伝統的工芸品も使用し、
日本の文化を大切にする心を、次の世代にそっと託します。

── Menu ──
● 前菜三種（赤貝の酢味噌掛け・
　よもぎ田楽・紅白鱠）
● 創作麩と菜の花のお吸い物
● 赤飯
● 鱈と野菜の炊合せ
● ひと口和牛ステーキ大根のソテー
● 上生菓子
● 日本酒 / 煎茶

Point
「はんなり」とは、落ち着いた華
やかさがあり、上品に明るく陽
気な様を表し、語源は「花あり」。
全国に広めたい、素敵な日本語
の一つです。振袖をイメージす
るクロスを大胆に使い、上品で
ありながら20歳の華やかさを演
出しました。

Happy Time!
～親友の出産を祝うランチ～

親友に女の子が生れました。大人ママを意識し紫と緑で甘さを抑えながらもとびっきり優しい色の食卓でお祝いです。母として、女性として、お互い素敵な色を付けていきたいねと、幸せな時間を共有します。

Point

出産祝いに銀のスプーンを贈り、赤ちゃんの幸せを願うヨーロッパの風習をコーディネートに取り入れ、祝福の気持ちをさりげなく表現してみました。キャンドル型のナプキンワークは、お祝いの食卓、クリスマスに大活躍。

174

Table napkin using coordination
テーブルコーディネートの楽しみ方

今なお、私に喜びと感動、たくさんの素敵な出会いをもたらしてくれているテーブルコーディネート。しかし、一方で高価な食器がないとできない贅沢なものと誤解され、「卓育」に最適な子育て世代に敬遠されている現状があるのをとてももったいなく感じます。もっと、気楽に、あなたらしく。大切な相手を笑顔にする、楽しいアイディアを忍ばせて、記憶に残る食卓を演出してみませんか？

日本 × 世界
伝統的工芸品の存在感で、北欧のガラスの美しさを引き立てて

サプライズで記憶に残るおもてなし
エンジニアの父のお祝いは、富士山に青い LED をこっそり仕掛けて

コラボレーション
今を感じ、「人」「物」「こと」を繋ぐ食卓を考えるのはクリエイティブな作業。各分野で夢を追い続ける女性達と感性がリンクした瞬間は感動

ひとつのテーマから想像を膨らませて
夏休みは「リゾートスタイル」で、親子でお洒落にビュッフェパーティー

素敵なおもてなしで、
最上のストーリーを

大切な〝とき〟を刻むおもてなしには、ありふれた日常を素敵な日々に変える魔法の力があります。そのおもてなしの魔法は、日々の暮らしを輝かせ、美しく豊かで幸せな人生につながることを教えてくれました。

私のおもてなしは、お招きするお客様や家族の喜ぶ顔を思い浮かべることからはじまります。今の季節を五感で感じ、テーマにあわせてメニューやお花・テーブル・設えを美しいコーディネートになるよう想いをめぐらすときは、心躍る至福の時間です。

長い歴史の中でも、世界中の国や家庭で大切に伝えられてきたおもてなしの文化や料理があり、たくさんの人と心が素敵なストーリーを紡いできました。

誰かの人生に刻まれる感動のおもてなしは、あなたの人生と交わり、その場を飾った料理や食器たちも、幸せな想い出や暮らしを彩る宝物として増えていくことでしょう。

ここち良くあなたらしいエスプリを加えたおもてなしに、大切な人たちをお招きしてみませんか。

今、ここに集える感謝の気持ちを、あなたの素敵なストーリーにのせて。

内田奈及子　　Naoko Uchida
ライフスタイルデザイナー

ライフスタイルデザインサロン「RUBAN BLEU（ルバンブルー）」主宰。
「Mindful Lifestyle・JAPAN」代表。『心ある豊かな暮らし』をコンセプトに、
ライフスタイルの提案・マインドフルネス・心理コンサルティングを行う。
パリにてトップフローリストよりフラワーアレンジのエスプリを習得。
一般社団法人 AAFF ディプロマ認定校
・TALK テーブル作品展 2018「優秀賞」・テーブルウェアフェスティバル 2019
テーブルウェア大賞「優秀賞」「生方美智子 審査員賞」

rubanbleu.jp
mindful-lifestyle-japan.com/

Sainte nuit Noël
〜聖夜のクリスマス〜

夢見るホワイトクリスマス。
窓の外は一面の銀世界。暖かな部屋、笑
顔を照らす灯り。クリスマスは大切な人
へ感謝を伝えるとびきりの日。フレンチ
スタイルのテーブルやオブジェはピュア
な心をホワイト＆シルバーで表現。
テーブルを暖かな料理で彩れば、大切な
人へ心からのギフトが溢れ出す特別なお
もてなしに。

Point

フレンチスタイルのディッシュ
＆カトラリーはクリストフルの
シルバーで輝きをプラス。ナプ
キンはジャガード織のガルニエ・
ティエボーでエレガントに。フ
ラワーもパリスタイルのアレン
ジがテーブルを華やかに。彩り
豊かな料理が映える洗練された
コーディネート。

Japan Blue for New year 〜藍の正月〜

海と空の青に囲まれた日本。小泉八雲は「日本は神秘的なブルーに満ちた国」と称した。

海外からのゲストを、水引飾りの御屠蘇器と深川ブルーでもてなすと、日本の文化や歴史に感動と喜びの花が咲く。先人からの伝統を重んじ現代の新しさと紡ぐとき、新しい「Japan Blue」が我が家の歴史に。御節料理に込められた長寿や幸せを願う想いを大切に、料理やしつらえを家族で準備できることに感謝を。次の世代も心豊かに過ごすことができますように。

—— Menu ——

●御屠蘇
●雑煮
●祝肴
●お造り盛り合わせ
●御節
●筑前煮

Point

有田焼深川製磁の三段重と御屠蘇器のセットに、東インド会社の時代に海外で称賛されたブループレートをセッティング。歴史ある黒漆塗蒔絵三段重箱とモダンな雑煮椀が時を刻み、凛としたスガハラのお酒グラスと水引がお正月の空間に艶やかな魔法をかける。

博多水引デザイナー長澤宏美氏作、プラチナゴールドの水引で華やかに

歴史ある伊万里染付芙蓉手 VOC マークの大皿でハレの日を祝う

藍色の陶板に御節料理を美しく盛り付けると絵画のような仕上がりに

御屠蘇器の鶴の金彩に合わせて長寿を願う亀の水引をオーダー

Fresh Green Afternoon Tea in the sky

イギリスの貴族婦人たちの社交の場として始まったアフタヌーンティー。
優雅なテーブルウェアやシルバーウェア、香り高い紅茶、ティーフーズ
の数々を前に心が癒される贅沢な時間。庭園の緑が一斉に輝きだす新緑
の季節には、思いきってオープンスタイルでアフタヌーンティーを。
貴婦人たちも味わった Cucumber sandwich、スコーンや爽やかな柑橘
系のスイーツなど、それぞれに合う紅茶とのペアリングを愉しみながら、
憧れのアフタヌーンティーを日常の暮らしに中に。

─━◆ Menu ◆━─
- ●キューカンバー サンドウィッチ
- ●サーモンと生ハムのオープンサンド
- ●スコーン クロテッドクリーム
- ●カラフルプティケーキ
- ●オレンジ & グレープのフルーツジュレ
- ●キャロットラペ
- ●ほうれん草のキッシュ
- ●しあわせのレモンケーキ
- ●紅茶 クイーンアン etc.

Point
イギリスヴィクトリア時代のア
ンティークシルバーでアフタ
ヌーンティーの歴史も愉しむ
テーブル。JASPER CONRAN AT
WEDGWOOD のカップ＆ディッ
シュは、伝統的なイギリスのエッ
センスに現代のコンテンポラ
リーを加えたシノワズリーな動
植物のデザイン。テーブルも新
緑の爽やかさで満たして。

ティースタンドは彩り豊かなスイーツでアートのように盛り付けを

ティーセットはヴィクトリア時代のアンティークシルバーで

珍しいアンティークシルバーは、ソルト＆ペッパー＆マスタード

植物や鳥の絵がグリーンとホワイトに映えるカップ＆ディッシュ

伊藤剛俊作抹茶椀と glass atelier えむに作茶入れが凛とした爽やかさを

Modern Tea Ceremony　〜茶の湯の時間〜

『一期一会』〜今日の出会いに感謝し、心を尽くす〜
素晴らしい日本の伝統文化である茶の湯より、よそおい・しつらい・
ふるまいなど、おもてなしの心を学ぶ。現代のライフスタイルの中で
茶の湯の心を伝えるとき、大切なものだけが時代を越えて紡がれる。
豊穣な「和」の世界の伝統に、新しいエッセンスを加えたカジュアル
なテーブルを表現。季節を味わうお菓子を前に一服を美味しくいただ
き、今、このときを生きる歓びをお客様とともに。

―――― Menu ――――
●季節特製麗しの上生菓子
●琥珀糖
●オランジェット
●マンディアン
●御抹茶

お茶席の空間を爽やかに満たす
美しい女性書家の御軸。季節を
表す道具組みも茶の湯の愉しみ。
カジュアルなテーブル茶道は、
実践しやすい身近な日本文化と
して海外からのゲストにも人気。
忙しい日々の中で、マインドフ
ルな安らぎのためにも、暮らし
の中に丁寧なお茶の時間を。

黒田藩御用窯高取焼亀井久彰作抹茶椀につゆくさ棗を合わせて

スガハラガラスの茶碗で冷茶を。バカラアラベスクに琥珀糖をのせて

博多曲物柴田玉樹作のお重に季節特製の上生菓子が麗しさをプラス

クリストフルのお盆と茶入れにシルバーの抹茶碗と茶杓でモダンに

「知る・愉しむ」は
人生を
豊かにする

Knowing and having
fun enriches life.

西巻顕子　Akiko Nishimaki

桑沢デザイン研究所 スペースデザイン科卒
インテリアデザイナー、広告代理店を経て、テーブルコーディネート
の世界を知る。2014年に初応募した東京ドームテーブルウエアフェ
スティバル「テーブルウエア」大賞で、大賞・経済産業大臣賞を受賞。
2016年にも同賞受賞。株式会社 AntennArt　代表取締役 一般社
団法人　知る・愉しむ〜日本の器 ®　代表理事。

antennart-design.com

知る・愉しむ〜日本の器
オンラインサロン

https://community.camp-fire.jp/projects/view/218844?fbclid=IwAR3z
EbBDjrBUapS7btEMTWV3_s0flNX61YFipmZnicQFiCmY9-JeHduQ330

型を破る　若手職人の努力

私の座右の銘は、歌舞伎役者の十八代目中村勘三郎さんがおっしゃった「型があるから、型破り、型がなかったら"形無し"だ」という言葉です。

和の文化では、数多くの先人が、学びながら積み重ねてきた知識や法則、経験に基づいて、型を作り上げてきました。そして、その型には、日本人が貴んできた美意識が集約されています。

ただ、既存の型のくり返しは、美しくとも、目新しさが薄れてしまうもの。現代の生活とは離れてしまうかもしれません。いかにすばらしい伝統工芸品でも、使う人の手に届かなければ、技術も美意識も、後には残りません。だからこそ、型を破る必要も生じるのです。

例えば伝統の漆器は、完成するまでに120以上もの工程を経ています。代表的産地である石川県の工房を訪ね工程を見学したときに、手間ひまのかかった繊細な手仕事ぶりに、漆器が高価である理由がよくわかりました。

かたや、今では「近代漆器」と呼ばれるジャンルが、漆器の魅力を広く伝えるようにもなっています。近代漆器とは、樹脂を使って塗り、印刷技術で見事な蒔絵を職人技に頼らずに再現したものです。こうした現代的な技術を使った器は、高価なものを手に取りやすくしたいという、若手の職人さんの努力の賜物。しっかりと型を身につけた人が型を破ったからこそ、継承した美意識に新たな美が宿り、広がったのです。

また、今年4月10日に国税庁が、飲食店を対象に期間限定の酒類販売免許を新設すると発表しました。するとすぐに、若手陶器の作り手の中で、江戸時代に主流だった「貧乏徳利」「通い徳利」と呼ばれる、お酒を持ち帰る為の器を創る試みが始まりました。

若手作家の皆さんが、それぞれの趣向を凝らす「通い徳利」。想像するだけでワクワクしてきます。

このような若手の職人さんたちの努力を讃えて伝えていくことも私たちの使命ではないか、と思っています。

樹脂を使った珍しいシルバー色の漆器。若手職人の努力の賜物

貧乏徳利を若手陶芸家がどのようなリメイクをするのか楽しみ

人と人の出会いによる「窯変」

思えば私も、和の器と出会い、学ぶなかで、たくさんの愉しみを知りました。器の見方を知る。生産地を訪ねる。漆器の職人さんや陶芸家の皆さんをはじめとする器の生産者と、膝を交え、土地の酒を酌み交わし肴に舌鼓を打ちながら、器のことをあれやこれやとお聞きする。その地の文化や食材、郷土料理の味わいを知る。器を通して、新たな土地、新たな人とのご縁がうまれ、私自身の美意識も育まれ、一生枯れることのない、愉しみの源泉ができあがりました。知識が広がると、世界が広がります。世界が広がると、新しい人に出会います。人と人が出会った反応で、さらに新しい世界が広がります。

陶磁器の世界には、「窯変」という言葉があり、陶磁器を焼き上げたとき、思いがけないすばらしい様相を見せることをいいます。私は人と人、あるいは人と器との関係にも、この窯変があると思っています。

かつては、窯変は狙っても叶えられない難しい現象とされてきましたが、今では技術やデータの蓄積によって、可能なものも増えてきました。人と人の関係も、ネットを通じて自由にデザインできる時代です。そこで私は、器を取り巻く人同士を結びつけて、窯変させることをイメージしました。2020年2月末には、「知る・愉しむ〜日本の器」Ⓡオンラインサロンを立ち上げました。器の作家、窯元、シェフ、テーブルコーディネーター、料理研究家、フラワーデザイナーなど、器をとりまく人たちが交流することで、新たな発想や思いがけないコラボレーションによって、新しいものを生み出してもらえたら、という思いを込めています。

今年、日本各地の陶器市の中止が相次ぎました。そこで私たちは、オンライン陶器市を開催することを決めました。日本全国だけでなく、世界中から日本の器作家にオーダーがくるかもしれない。自宅での器の使い方を料理を載せた状態で、作り手や使い手が見せ合うこともできる。そうした交流から、日本古来の文化を踏襲しながらもまったく新しい発想の器が誕生する。そうして見える景色は、窯変の器のようなものかもしれないと、期待に胸を踊らせているのです。

カブトムシがモチーフのポットとカップ「白蟲」。堀貴晴さん作

篠原希さん作の窯変した板皿。同じ穴窯で焼いても表情はさまざま

最上の
おもてなしとは

和食の伝統文化において、器とは自らの思いを物に託し表現する道具でもあります。「和食：日本人の伝統的な食文化」が、ユネスコ無形文化遺産に登録されたのも、調理上の特徴だけでなく、このような和の食をとりまく文化全体が評価されてのことなのです。そして、私たち現代の日本人は、この文化を後世に伝える使命を担っています。私が立ち上げた資格制度【知る・愉しむ～日本の器】「い・ろ・は n-ist」資格は、「器のことがわかると、毎日のごはんがおいしいし、食事の時間がとっても楽しい」と思える人を増やし、そのことが日本全国で伝統工芸を守り、作っている人たちを応援できればという思いから立ち上げました。その名前には、「器のいろは（基本）から、さいご（n＝ん）に至るまで、一緒に勉強して、多くの人にその愉しさを伝えていきましょう」という思いを込めています。

日本のおもてなしとは、日本の器に込められた思いの表現、「食卓を形作る物に託して、お客様を歓迎すること」なのだと私は考えています。2019年3月、G20大阪サミットに先立って行われた「B20東京サミット2019」。国際会議のレセプションパーティ「ジャパン・ナイト」では、花見酒をコンセプトにした日本酒と酒器のプレゼンテーションをいたしました。

自然のありがたさに感謝し、いつまでも享受できる世の中でありますようにという祈りを込めて、ゲストの方々にふさわしい、日本最高峰の伝統工芸の器を全国から集め、お使いいただきました。

漆器、焼き物、金工、ガラスなどの器や、室礼については私たちが、制作の工程や作家のこと、作品のコンセプトを交えて、ご説明しました。ゲストの皆様は、日本伝統の最高峰の器を使い、その器について知る愉しみ、なぜその器が選ばれたのかという思いを知る愉しみを味わってくださったことと思います。私にとっては、「い・ろ・は n-ist」と共に日本の伝統工芸を世界に発信するという思いを叶えることにもなりました。

その空間に存在する、器、料理、花といった一つ一つの、さらに色や形や名称、由来や歴史に至るまでの意味合い。そのすべてに託して、思いを伝えようとするのが、和食の文化です。その思いをお伝えするということは、和食の文化、和の器を知り、愉しむ私たちだからこそできる、最上のおもてなしだったのではないでしょうか。

花見酒をコンセプトにし、輪島塗の酒器でお酒を楽しむ

陶芸、ガラス、金工作を伝統と革新の両面からお披露目

お誕生日のおもてなし

子供も大人も男性も女性もみんな誰でも、平等に一年に一度やってくる特別な一日。それはお誕生日。

自分がこの世に生まれてきた記念の日は、親への感謝でいっぱいです。子供時代はもちろんですが、年齢を重ねても、なんだかワクワクするもの。大切な人に自分の生まれた日を覚えていてもらってお祝いの言葉をもらえるとうれしいですよね。私も、身近な人のバースデーはその人が生まれてきてくれたことを祝福し、日頃のお礼を伝える日として大切にしています。おいしいお料理や華やかなテーブルコーディネートで、素敵な一日を演出したい。そんな気持ちから、6名の料理研究家の先生たちの紡ぐお誕生日のおもてなしテーブルを集めました。

お子さまのお誕生日会、離れて暮らす親への感謝の気持ちをこめたお祝い膳、同居の家族にむけての非日常を演出するガーデンパーティー、職場の同僚のお誕生日を祝うアフターファイブのバースデークリスマス会、気心知れた女友達との大人女子会。

さまざまな方へ、さまざまなシーンで。それぞれが想いをこめて趣向をこらしてお祝いの気持ちをつめこみました。

6名の先生のつくりあげた5つのテーブル。統一のトータルテーマは『お誕生日のおもてなし』でもそれぞれの世界観のちがいが楽しめるページに仕上がりました。

個性あふれる彩り豊かなおもてなしのシーンを楽しんでください。

齋藤聡子　Satoko Saito
料理研究家

お茶の水女子大理学部数学科卒。株式会社 SAI 代表取締役。料理教室 bonnecuisine 主宰。『30 分で 5 品』という類を見ないコンセプトで、料理教室オープン 3 ヶ月足らずで 300 名の予約を得て、あっという間に予約のとれない教室の仲間入りを果たす。1 年で 1,000 名以上の生徒様を迎えた自身の教室運営の経験から、料理教室をはじめとした事業のコンサルティングやプロデュース業をスタート。集客率 500％アップのプロデューサーとして企業むけアドバイスやセミナー講師も行う。

Instagram　bonnecuisineofficial

Photograph
Ayumi Togawa

Menu

● マッシュポテトのサラダ
● 玄米パンのサンドイッチ
● 揚げないパンプキンコロッケ
● ビーツの冷製スープ
● スティックサラダ
　自家製胡麻マヨネーズソース
● 鰤のピンチョス　アーモンド風味
● 苺のパンナコッタ
● ふわっふわのスフレケーキ

Point

野菜本来の旨味を生かしたレシピは、小さなお子様からご高齢の方まで安心して召し上がれるようなメニュー構成となっています。また、白砂糖は使わず添加物や化学調味料も控えたビューティーフィンガーフードは、体型や美容にお悩みの方もおいしく楽しめる料理です。

家族と祝う
春のバースデーパーティー

毎日の食事で免疫力を高めながら、生活習慣病も防ぐビューティーフィンガーフード。育児や仕事で忙しいお母様でも、お子様と一緒に楽しくできる簡単レシピです。春の訪れを感じながら、ご家族の笑顔が溢れる食卓にしました。

会社同僚との Xmas ＆ バースデー

クリスマスシーズンにお誕生日を迎える同僚へのサプライズ誕生
日会。大人女子の好きなものをギュギュッと詰め込んで。メニュー
は旬の食材を取り入れ、五感で季節を感じられるものに。お取り
寄せした《みるくがき》の濃厚な甘みと旨味が特別感をプラス。
テーブルのお花はすべてエディブルフラワー、ドリンクのなかに
もたっぷりとあしらいました。

┌─────── Menu ───────┐
● 生牡蠣（糸島産みるくがき）
● ローストビーフ柚子ぽんず風味
● サーモンのカルパッチョ
● チーズとオリーブの盛り合わせ
● マカロン
● シュトーレン
● エディブルフラワー入り
　スパークリングワイン
└──────────────────┘

Point

黒と金をテーマカラーにする事
で大人な雰囲気の Xmas に。ピ
ンク系のエディブルフラワーを
テーブルやドリンクにアクセン
トとして使うことで可愛さをプ
ラスしました。

離れて暮らす両親と誕生日の宴

父の誕生日に両親を招き、お祝いの席を準備しました。両親から
引き継いだ柿右衛門の器をメインに、朱塗のお重にお花を飾り、
朱塗りの鉢にお酒を冷やして主役を迎えます。日本古来の朱色と
有田焼の藍色を基調とした和モダンテイスト。母から受け継い
だレシピと器達をお披露目する宴は話が尽きぬ夜に…

Point

収穫の秋。歳を重ねた両親の身
体を想い、旬のお野菜をたっぷ
りと準備。砂糖や旨味調味料を
一切使わず、素材の味わいを丁
寧に引き出しています。野菜の
滋養溢れる料理ばかりです。年
輪大根で、多年にわたり積み重
ねてきた父の功績を讃えました。

友達のバースデーパーティー
〜 spring is coming 〜

花の香りと暖かさを感じられるようになった気持ち華やぐ季節。
そんな春のある日に誕生日を迎えた大切な友達へバースデーパー
ティーを企画しました。食べる宝石フィンガーフードとケーキの
飾り巻き寿司にデザートまで、プチフルコースでお祝いです。

─── Menu ───
- ●ローストビーフ
- ●生ハムポテトのピンチョス
- ●枝豆とジャガイモのスープ
- ●バースデー飾り巻き寿司
- ●サーモンとすだちのピンチョス
- ●アボカドのノンフライコロッケ
- ●シーフードカクテルグリーンソース
- ●レバーペースト
- ●ベリーとヨーグルトの2層ゼリー

Point

テーブルはグレーとピンクに
ゴールドを合わせた大人可愛い
スタイリング。大人だからこそ
楽しめるような、少し抑えめな
色合いに。センターピースには
春のフラワーアレンジメントを。

お庭で家族のお誕生日

石窯という非日常的な要素に加えて解放感溢れる屋外での食事は
特別な1日にぴったりです。屋外だからこそ自然との調和も考え
てブラウンとピンクでまとめ、料理の素材と庭の木々等の天然色
を生かしたスタイリングにしました。誕生日ならではの特別感も
ありますが、普段の生活でも自然の恵みを取り入れることで日々
の日常で忘れがちな心のゆとりを持つことが出ます。

─── **Menu** ───

● ラムクラウン
● レモンハーブのサーモン焼き
● アルファベットサンドイッチ
● クリームチーズの最中添え
● ミニトマトのカプレーゼ
● ポテトサラダ
● チーズプラトー
● ポトフ
● バースデーケーキ
　（ネイキッドケーキ）

Point

メイン料理のラムクラウンで誕
生日の主役を祝うスペシャルな
テイストを演出。アルファベッ
トサンドイッチもお祝いの気持
ちと日頃の感謝を込めた言葉に
しました。日頃伝えられない気
持ちを料理に込め楽しいガーデ
ンパーティーを満喫します。

193

Let's enjoy using sake glasses more often in our everyday life!!!

個性を活かした料理のアイディア

テーマに合わせたおもてなしのメニュー作りには考える人の趣向が現れます。
そのエッセンスとコツをご紹介。

片田 友佳 Yuka Katada
音楽大学卒業後、学童保育指導員として8年半勤務し出産を機に退職。夫の転勤で、東京から故郷山口県へ。テーブルコーディネートを本格的に勉強し講師資格取得。下関市初のベビーマッサージとテーブルコーディネートを学べる教室を開く。2015年6月より東京に移り住み教室を開く。現在は食器メーカーとタイアップし、オリジナル食器のデザインや料理教室むけテーブルコーディネートレンタル事業など幅広く展開。

石窪豊子
埼玉県伊奈町にある一軒家スタジオBeets Kitchen主宰。個人料理教室には珍しい、自宅兼ではない料理教室専用のスタジオで、日常を離れくつろいで過ごすことができる。地域の方に喜んで頂ける憩いの場。消化器内科を専門とするナースならではの、知識と工夫の詰まったサロン。『食べたもので身体はつくられる』『家族の健康は食で守る』を合い言葉に、オーダーメイドの講座と3ステップレシピを伝えている。

上田徳子
株式会社パソナグループ 食育担当。「《美味しい・楽しい・幸せ》な笑顔あふれる健幸を食卓から」がコンセプト。全国のこだわり食材を使って生産者の想いやストーリー、地域の魅力を伝える。ライブキッチン、イベントを企画運営するフード・イベントコーディネーター兼 愛され料理研究家。企業の仕事と個人の料理教室（柚子ぽんずキッチン）の講師としての仕事を両立する新しい女性の働き方を実現している。

小池かおる
La cuisine d'ange 天使の台所を主宰。
おうちご飯は幸せ家族を作るをコンセプトに、体にやさしい、簡単・時短お家ごはんを紹介している。開設一か月で100名近い予約を得る人気教室に。5人の子育ての経験を活かした食育レッスンや行事食、お弁当レッスンには定評がある。また、独自の玄米菜食を推奨し、フードロス問題、食の安全性に取り組むなど、幅広い食の提案をしている。

沖田浩子
巻き寿司とフィンガーフードを融合させた新しいジャンルのサロン hiro's coco roll 主宰。どんな図柄になるのか、カットするまでワクワクなデコ巻き寿司をレッスンしている。オリジナルデザインの図案も多数。小さいお子さま連れの方からご年配の方まで、皆様が楽しんでいただける大人かわいい空間でお待ちしている。

宮原江里子
Eri's table&kitchen 主宰。〜少しの工夫で食卓を笑顔に〜をキャッチフレーズとしたテーブル＆お料理サロン。テーブルレッスン、お料理レッスン（お楽しみな一品＋フィンガーフード2品＋メイン料理＋デザート）を毎回楽しく行っている。身近な材料でだれでも簡単にできる料理や小さな工夫で華やかにみえるテーブルコーディネートを伝えている。

KEIKO
K stone oven garden（石窯料理教室）主宰。渋谷区の庭の石窯で四季を感じ旬を楽しむ体験型石窯料理教室。アウトドアながら、おしゃれな空間で非日常を楽しんでいただける工夫を満載している。グルテンフリー対応などもお手のもの。気候のいい一日を東京のまんなかの一軒家の庭で一緒に楽しく過ごすことができる。

家族みんなが安心して食べられるヘルシーメニュー

旬の野菜を使ったメニューで、春らしい色合いを演出。子供から高齢者まで楽しめる味わいにしています。
（P145 家族と祝う春のバースデーパーティー　石窪豊子）

ちょっと贅沢な一品をメインに

クリスマスらしさのローストビーフ、バースデーのためのちょっと贅沢な牡蠣をメインに。
お花の浮かぶワインもすすみます。
（P146 会社同僚とのXmas&バースデー　上田徳子）

フィンガーフードを宝石のようにかわいく仕上げて

女性が喜ぶちょこっとずつつまめるサイズの料理にし、ガラスの器やカトラリーも工夫し
て、宝石のようなきらめきを演出。
（P148 友達のバースデーパーティー　沖田浩子 / 宮原江里子）

素材の味を丁寧に

砂糖やうま味調味料を一切使わずに、素材の味を楽しむ料理に。旬の野菜をふんだんに使
いました。
（P147 父の誕生日祝いの宴　小池かおる）

石窯を使ってパーティーを盛り上げるレシピに

ラムで作ったクラウンとアルファベットのサンドイッチは、お誕生日を華やかに盛り上げ
るレシピ。木のぬくもりも感じる。
（P149 お庭で家族のお誕生日の料理　KEIKO）

日本の伝統的な
食文化を継承して伝えていきたい

私の食に対するルーツは、お雛さまを飾ったり、行事を欠かさず行っていた両親や祖父母から影響を受けています。父の転勤により海外で生まれた私に、両親や祖父母は、日本の行事を伝えたかったのかと思います。
その後タイに留学するなど、海外での生活や文化を通して、改めて「日本の素晴らしさ」を俯瞰して見て、知る機会も多くありました。

また、フランス料理への憧れがあった私は、フランス菓子の講師、フランス料理専門学校でアシスタントなどを経験。クラシカルからモダンなフランス文化に触れる機会も多く、テーブルセッティングの歴史を勉強する中でテーブルコーディネートに興味を持つようになりました。
その頃、私は２０代前半。両親が生活習慣病で倒れてしまい介護が必要になりました。介護生活は約１８年間続き、この大きな出来事を通し、健康寿命を伸ばすための「日々の食事の大切さ」に気づかされました。

日本の一汁三菜というスタイルは、栄養のバランスがとても良くインナービューティーな食事です。そんな和食への興味が懐石料理の文化、着物の着付け、自家製麹を使った発酵調味料作りへと発展していきました。

七十二候の季節の移り変わりを感じながら、お料理をしつらえ、テーブルコーディネートを組み合わせた行事食などの日本の食文化をインナービューティーの視点でみなさまへ伝えていきたいと活動しております。

島野ひとみ　Hitomi shimano
インナービューティー料理研究家

おもてなし発酵料理教室 SALON DE MIRIAM 主宰
外国生まれ。バンコクに留学しフルーツカービングを学ぶ。帰国後、フランス料理専門学校でアシスタントを経験。テーブルスタイリングや和食、製菓の講座のメイン講師を多数担当。カラダの中からキレイを磨くインナービューティーな料理やフードスタイリングを広めている。

blog　　　　ameblo.jp/fleurdemiriam/
Instagram　shimano_hitomi

ニューヨークのホテルのような
おうちごはん

一日のはじまり。たまには、ゆっくりと家で贅
沢な時間を過ごしたい。カラフルな野菜とビタ
ミンカラーをたっぷりとちりばめた、春らしい
料理に会話も進む。ブルーのバタフライピーは、
タイに留学したときに出会いお気に入りの飲み
物です。色合いも楽しめ、レモングラスのよう
な爽やかな味わいのハーブティー。レモンスラ
イスを加えるとピンク色に変化も楽しめます。

Menu

● エッグベネディクトとアスパラガス
● カラフルな人参と大根のサラダ
　亜麻仁オイルの人参ドレッシング添え
● クレソンのポタージュ
● シトラスの豆乳ヨーグルト
　グラノーラ入り
● バタフライピーのアイスハーブティー

Point

春色のお花をイメージして、料
理の色を決めました。
テーブルフラワーの花の色、テー
ブルクロス、ナプキンの中の色
を料理とリンクさせると一体感
が出ます。
食欲をあげたい朝には、元気の
出る赤や黄色の食べ物をちりば
めると良いですね。

発酵イタリアンで
インナービューティーエイジレスランチ

年齢にとらわれない健康美を追求し、発酵の力をかりて作ったイタリア
ン。エイジレスフードに興味がある40代の女性4人のランチは落ち着い
た大人ガーリーなテーブルに。前菜はサーブしやすい「フィンガーフード」
を用意しました。発酵調味料の酒粕、甘酒などを加え、調理法も蒸し物
などでエイジレスを意識したメニューでおもてなし。

── Menu ──
- 揚げないライスコロッケカラフル根菜のせ
- ミックスきのこの塩レモンマリネ
- カラフルトマトのカプレーゼ
- 紫大根とホタテの貝柱と豆腐マヨネーズ和え
- スナップエンドウと甘酒きのこ豆乳
  クリームパスタ
- カジキマグロとエビのバジルのレモン
  蒸しきのこ、芽キャベツ、人参スライス
  酒粕発酵トマトソース添え
- 酒粕トリュフ（ストロベリー＆シナモン）
- ピンクレモネードソーダ

Point
スモーキーなピンクをメインに、グ
レー、ライトグリーンでまとめてい
ます。丸みを帯びたテーブルウェア
を使うことで女性らしさが際立って
きます。様々な形のフィンガーフー
ドはテーブルフィギュアの役割にも
なります。料理の香りを邪魔しな
い香りのないアーティフィシャルフ
ラワーを使いました。

茶碗蒸しの器にカラフルトマトのカプレーゼを詰めて、タッセルでワンポイント

サイズ違いのコンポートを使い高低差を出し、紫大根と貝柱のサラダ＆酒粕トリュフ

酒粕が隠し味のクリームソースは優しい味でうま味もたっぷり

カジキマグロとエビのバジルのレモン蒸し。ガルニは酒粕発酵トマトソースで

199

発酵フレンチで
家族で南仏に思いを馳せるディナー

キャンドルのやさしく暖かな光の中で、南仏への旅の計画を話すディナー。薔薇モチーフも多めですが、全体的にはシャビーシックで落ち着いたテーブル。プロヴァンスで日常的に飲むワインといえば、軽やかなロゼワイン。発酵フレンチを合わせて楽しみたい。

Menu
- マグロとアボカドとカラフルパプリカのサラダ
- カンパーニュ
- カラフルトマトと人参、大根のベビーリーフ
  サラダ塩麹と亜麻仁オイルドレッシング
- 発酵ローストポークの塩麹漬け ブロッコ
  リーとりんごソテー添え バイエルディ
  （ズッキーニ、ナス、トマト）
- 酒粕トリュフ
  （ストロベリー＆シナモン＆アーモンド）
- 山のチーズ（モンドール、コンテ）
- 南フランスのロゼワイン

Point
全体的にグレーとスモーキーピンクが多めなので花瓶やカトラリーを黒にして引き締め。高さの違うキャンドルでテーブルに動きを出しました。シルバーの薔薇のテーブルフィギュアはソルト＆ペッパー。トーキンググッズとして活躍します。

マグロとアボカドとカラフルパプリカのサラダ。ロゼは、中トロとマリアージュ

ポテッとした素朴な厚みのある器に夏の終わりを感じさせるカラフル野菜サラダ

カラフルな前菜は、ガラスでクリアに魅せて

発酵ローストポークの塩麹漬け りんごソテー、バイエルディ添え

桜を愛でながら、お花見弁当

日本の春の一大イベントといえばお花見です。外で見るのはもちろんですが、ゆっくりと室内で桜を愛でてみませんか。そんなおうちお花見に、冷めても美味しい春を意識したお弁当メニューでおもてなし。温かいお吸い物を用意してホッするひとときを。

Menu
● にごり酒スパークリング
● 珍味 白味噌のゆずくるみ和え
● しそつくね
● 銀杏の塩焼き
● 野菜の炊き合わせ
● イワシと大根の梅煮
● あさりのお吸い物
● しそと白ごまのいなり寿司
● 紫大根の野菜鮨
● カニと錦糸卵のちらし寿司
● 桜餅・よもぎ餅

Point
漆器を使うと、クラシカルになりがちなのでパステルカラーをふんだんに使ってランチタイムに合うようカジュアルダウン。テーブルランナー、食器、ピックにと桜モチーフを取り入れました。

お重で酒の肴。菜の花や筍、ふきの炊き合わせの苦味で春を楽しめます

若草色のナフキンがアクセント。華やかなコーディネート

左の桜の珍味入れには白味噌のゆずくるみ和え。お寿司３種盛り

あさりのお吸い物。柚子胡椒が隠し味

季節と共に食卓をたのしむ

育った環境の中で四季折々のお料理や設えを両親から自然と学んできました。お教室ではその経験を活かしお越しくださる皆様に四季を感じていただけるよう食材からテーブルフラワーまで一貫した設えをご用意できるように心がけています。
テーブルフラワーには旬の生花を用いて季節感を演出しています。これは母が日々生活に取り入れていたことですが、お客様をおもてなしする大切な要素でもあると思っています。

お教室では、旬の食材を用いた料理には日常生活に気負うことなく取り入れられる、簡単でおいしいメニューをご紹介し、ちょっとした盛り付けのコツなどをお伝えしています。
その他にも基本的な器の使い方のみならず概念にとらわれない自由な発想で料理を引き立てるコーディネートもご紹介しています。

お部屋に一歩入った瞬間から皆様が季節を感じ、料理を作る過程から盛り付けに至るまで楽しんでいただけること。新しいひらめきを感じてくださるそのときが私の喜びです。

季節と共に食卓をたのしむコツをたくさんの方に知っていただき、日々生活の中で活かしてくださるようになっていただければと思っております。

斉藤芳文　Yoshifumi Saito
日本フィンガーフード協会認定講師

料理教室「Cooking salon　Saito」主宰。
日本フィンガーフード協会丸山佳枝氏からフィンガーフードを学び、認定校を取得。千葉教室、2020年には東京教室も開講予定。住宅メーカー勤務での経験を活かしコーディネートも紹介している。

biog　　　　ameblo.jp/cookingsalonsaito/
Instagram　cookingsalon_saito

クリスマスはフィンガーフード Party

ブラック＆ホワイトを基調に大人カッコイイテーブルでおもてなし。
メニューはクリスマスの料理を前菜、メイン、デザートまでフィンガー
フードにしてワンバイトで頂ける小さなお料理にしました。また選ぶ
のも楽しめるようにしました。ロゼのシャンパンではじめるクリスマ
スパーティーで楽しいひとときがはじまります。

Menu

- ●スティックサラダ
- ●サーモンチーズトナカイパイ添え
- ●パテドカンパーニュ
- ●ピクルス
- ●マッシュポテトとキュウリのオードブル
- ●海老とパプリカのゼリー寄せ
- ●ローストビーフ
- ●ラザニア
- ●フルーツゼリー

Point

クロスを黒にすることでガラス
の器がきれいに見え、引き締
まった印象に。クリスマスツ
リーの装飾も引き立ててくれま
す。また白のクロスでホワイト
クリスマスを演出してみました
（次ページ上写真）。

ホワイトクリスマスを演出した白いクロスでロゼシャンパンを引き立たせ、フィンガーフードはワンプレートに盛って

パイをトナカイの型抜きで抜いて焼き、サーモンチーズの上に

テーブルツリーはフレッシュなコニファーグリーン

新年は家族へのおもてなし

家族で迎える初春の会話を楽しむテーブルは、一人一人のおせちでいただきます。従来のお重に詰まったおせちもよいですが、可愛い菊のピンポンマムを飾り、朱の漆器を使うことでハレの日の華やかさと格式を損なうことなくコーディネートしました。心躍る初春を迎えながら家族との会話が弾みます。

---- **Menu** ----

●エスニックおひたし

●焼豚

●のし鶏

●海老のうま煮

●一口寿司

●鰻のお椀

Point

和食のテーブルなのでクロスは使わず、帯をテーブルセンターに。小さなお重を用いてワンプレートに見立てることで、従来のびっしり詰まったおせちに比べ味が混ざることがありません。

定番のおせちを一人用の重箱に入れ、稲荷ずしも一口サイズに

重箱の上には水引、テーブルの上に手毬で華やかに

初夏のトマト尽くしでおもてなし

一年で一番おいしい初夏のトマト。
メニューは料理に合った旬のトマトを使い分け、テーブルクロスはリ
ネンを使って涼しさを演出しました。さっぱりしたノンアルコールで
乾杯です。

──── Menu ────
●トマトと豚肉の胡麻和え
●トマトとパイナップルのスープ
●海老のエスニックボールと
　マイクロトマト
●フルーツトマトのすき焼き
●トマト麺

Point
トマトの赤を引き立たせるため
にテーブルフラワーはフレッ
シュなグリーンで。
初夏のコーディネートにピッタ
リの器は、涼し気なガラスや曲
げわっぱと籠を使いました。

韓国料理は目にも鮮やかに

夏の暑さを乗り切った後は、ガツンと辛い韓国料理でおもてなし。
テーブルコーディネートは、目を引くフューチャーピンクで華やかさ
を演出しました。フードは手作りコチュジャンを使った料理で、辛さ
だけではなくうま味を引き出しながら野菜をふんだんに使う韓国料理
を堪能してもらいます。

---- **Menu** ----
- ●コチュジャン
- ●チヂミ
- ●チゲ
- ●ナムル
- ●キンパ
- ●柚子茶のココナッツゼリー

Point
韓国で昔から多く使われている
五つの色「五方色（青、赤、黄、白、
黒）」を取り入れたコーディネー
トで雰囲気を盛り上げます。韓
国では料理の彩りにも五方色が
使われます。メリハリのある色
なので使用する配分で印象が変
わります。

五感に響くおもてなし

相手を思いやり尊重し、丁寧な準備と心配り。幸せな心地よい時間・空間。

ゆったりとした豊かな心と上質なときが流れ、招く側も招かれる側も、自然と感謝の気持ちが芽生えるおもてなし。

四季折々の彩りのある食卓に心ときめき、家庭だからこそできる、心のこもったおもてなし。

ときには遊び心も忘れずに、大切な人との楽しい会話も弾み、時間を忘れ、笑顔の溢れるおもてなし。

がんばり過ぎず気負わずに、自然体が心地よいおもてなし。

楽しく、幸せな食卓を囲むおもてなしは、より豊かな幸せな人生に繋がることと思います。
上手に季節感を取り入れて、目で見て楽しく美しく、味わって美味しく、五感に響くおもてなしを心がけたいと思っております。

木村恭子　*Kyoko Kimura*
生活空間＆食空間コーディネーター

日々の食卓からおもてなしまでの料理、テーブルコーディネート、フラワーアレンジなど、心豊かな生活のスパイスとなる要素について学べる教室「ホームハーモニー」主宰。ティーコーディネーター、カラーコーディネーターとしての資格も持つ。パーティーケータリング、ウェディング引菓子、撮影菓子製作。店舗及び展示場でのテーブルコーディネートを担当する。

http://www.home-harmony.net/

ROSE でもてなす初夏のひととき

少しずつ夏の気配が感じられる、芒種（5月初旬）から立夏（6月初旬）
に当たる初夏は、まさに薔薇の季節。優美な姿かたち、さまざまな色合い、
素敵な香り。それぞれに美しい薔薇たちは、古代より私たちの心を引き
つけ、魅了し続けてきました。美肌効果も期待できるローズジュースを
ウェルカムドリンクに、ほのかに香るローズティー、そして薔薇に因ん
だお菓子の数々で、五感を潤す癒しのおもてなしテーブルです。

━━━ Menu ━━━

● ローズジュース
● ローズティー
● 薔薇のマドレーヌ
● 薔薇のスコーン
● ストロベリータルト
● ティーサンドウィッチ
● マカロンローズ
● トマトオレンジゼリー

Point

薔薇は「バラ色の人生」などと、
幸せや希望に満ちている様子に例
えられます。幸せ感溢れるピンク
色のティーセットとバラの刺繍を
施したベルギー製のナプキンなど、
美しく気高くも優しさが感じられる
ようなセッティング。

自然に咲きこぼれるバラの様子を動きのあるアレンジで表現

ナプキンやタルト皿など、さまざまなバラの模様を散りばめて

グラスの足元にローズペタルを散らし、もてなしのテーマを強調

バラの葉の上にバラ花の形のお菓子をのせて

キャンドルを灯して祝う Xmas ディナー

今宵は特別な日クリスマスイブ。クリスマスツリーを飾り、プレゼント
を準備してこの日を心待ちにしていました。キャンドルの明かりが食卓
をやさしく灯し、ときおり煌めくツリーのライト。ホワイト＆シルバー
を基調色とし、センターピースのキャンドルをポイントに、料理の色合
いが映えるようにしました。

━ Menu ━

● スモークサーモンのムース
● パンのブーシェ
● ベーコンとほうれん草、
　カニのキッシュ
● ローストビーフ、キウイ、
　ピクルスのピンチョス
● 押し麦のサラダ

Point

クロスは白のオーガンジーにシ
ルバーのアラベスク模様。カト
ラリーはクリストフル・アリア
ゴールド。プレートのリムのゴー
ルドとカトラリーのゴールドを
合わせました。

桜御膳でおもてなし

春の訪れを知らせてくれる桜が咲くのは、人生の節目となる卒業式や入
学式の頃。私たちは、その開花を今日か明日かと心待ちにしています。
寒さから解放され、心も弾み、青い空に映る満開の桜を見ると、幸せで
穏やかな気分になり心が癒されます。寒い冬は代謝が下がり、体内に老
廃物を溜め込みがち。桜の癒し効果とデトックス効果のある春の食材で、
身体の巡りを整えるような献立にし、桜御膳でのおもてなしです。

Menu

● 菜の花とホタルイカ、ウドの酢味
　噌和え
● 蓮根と鶏ひき肉の揚げ団子
● 蕪の蕗味噌添え
● 桜簾弁当箱
　（桜マスの木の芽焼き、三色団
　子、金柑の甘煮、花人参、春の
　食材炊き合わせ）
● 桜飯お結び

Point

桜色のテーブルクロスに、ピン
クに少し灰色をプラスした落ち
着いた色のテーブルランナーで
引き締めました。溜塗の半月盆
を折敷に用い、柔らかな色味と
曲線を桜の優しくはかなげな雰
囲気に合わせました。

弁当箱とお結びは、戸外でのお花見のお供に

217

月見の宴

農耕民族の日々の営みにとって、月は身近な存在。空を仰ぎ、月の満ち欠けを頼りに畑仕事に精を出し、一年の暮らしが成り立っていました。暮らしの指針となる月に感謝し、収穫を祝う。今ではそのような営みを忘れがちな現代社会ですが、いにしえからの行事を丁寧に行うことは、心が安らぐひとときです。

中央に螺鈿蒔絵の朱の折敷、月に見立てた黄菊皿、満月を表す丸い形。格のあるコーディネート

芋名月とも言われる十五夜は里芋料理が伝統。秋の食材を加えて

古伊万里染付草文瓶にススキ、大皿にお供えを。葡萄の蔓で、月と人とのつながりを

おもてなしのサステナブル料理

「サステナブル」って言葉はご存じですか？
直訳すると、「持続可能な」という意味。
未来まで、もっと良い環境や社会にするための仕掛けなどを指すことが多いです。

特徴的なのは、単純に我慢するだけではなく、
ドキドキ、ワクワクするような素敵なワールドがたくさんくり広げられていること。

…それなら、ドキドキ、ワクワクする仕掛けが欠かせないおもてなしのテーブルにも、取り入れるしかないですね。

私流のサステナブルなおもてなしの極意は、環境、健康、美容に"ちょっと"良いおもてなしです。
今の、未来の環境や社会にちょっと良く…あるいはゲストの身体にちょっと良いおもてなしは、「良い」が溢れてとても happy。
"ちょっと"としたのは、がんばり過ぎて、もてなす側のストレスになっては続かないからです。

次ページではテーブルコーディネートを、
後半ページでは、4つの具体例をご紹介しています！

佐々木綾子　Ayako　Sasaki
サステナブル料理家・日本茶アンバサダー

レシピ提供、料理教室、撮影料理、スタイリング、イベント、飲食店戦略、商品開発、出張料理等。「環境・健康・お財布に優しいサステナブル料理」を展開、SDGs を取り入れた Happy なクッキングライフの促進を目指す。また、日本茶ワールドの美味しさや楽しさを皆さんと共有することを目指し、食を絡めた活動を中心に展開。

www.ayakosasaki.com
instagram　nonninaaya

お茶の水色を主役に、コーディネートは上質なナチュラルカラーのモノトーンでまとめて。苔玉風のお茶請けは、あんこ玉に茶葉をまぶしつけただけのシンプルな一品

茶筒に量り売りで、ゼロ・ウェイスト

「エコ茶」の取り組みをされているお茶屋の西澤園さんにて。
ごみが出ないだけではなく、ちょっと茶葉を多く入れてくれるという、
まさに三方よし(売り手よし、買い手よし、世間よし)のサービス。

※ゼロ・ウェイストとは…ムダ、ごみ、浪費をなくすという意味で、そもそもごみを生み出さないようにしようという考え方。

量り売りのわくわく感は特別

Sustainable cuisine for hospitality

おもてなしのサステナブル料理

環境、健康、美容に"ちょっと"良いおもてなしのお料理とは？
身近なものを使って無理せずできる 4 つの具体例をご紹介します。

おもてなしの食品ロス対策

おもてなしシーンで有効な食品ロス対策は、作りすぎないこと。
わざわざ来てくれたゲストに大満足してほしくて、ついついたくさんのご馳走を用意しがちですが、あえてちょっと少なめに用意しておき、足りなければその場で、食べ切れる分だけさっと作れる料理のレシピを覚えておくと重宝です。例えば、賞味期限の長い缶詰に野菜をプラスしただけの 2 品 (あさりとトマトのアヒージョ、サバ缶オイル漬けとトレヴィスのサラダ)。また、いつものナッツにスパイスを効かせただけでも特別な一品に。話をしながらでも失敗なく作れる簡単さがポイントです。

旬の地元野菜活用で温室効果ガス対策とエネルギー節約 + α

無理なくできる温室効果ガス対策のひとつに、地産の食材を地元で買うことがあげられます。なるべく輸送距離の短いものを選ぶことで、取組が広がれば CO_2 等の発生を少しでも抑えることにつながります。また、旬を意識した食材選びもポイント。例えば野菜の場合、旬の露地栽培はエネルギー消費が少なくてすみますし、商品単価もトップ値ではない場合が多いです。そして何より、旬のものはおいしいです。旬の地産食材をたっぷり使ったお料理は、日本の古き良きおもてなしスタイルでもありますよね。

おもてなしのごみ対策

作り置きや準備の多いおもてなしシーンでは、調理や保存のためにラップなどがとても便利ですが、すぐに捨ててしまうのはもったいないこと。例えば、「蓋」を使って、すぐにごみとなってしまう資源を減らすことができます。写真は蓋付きの調理器具やキッチン用品を使ったおもてなしの一例。おしゃれなお鍋やホーローバットなどを使うと、見た目も楽しく華やかなテーブルに。例えば、バラ売りのコロッケを詰めてもらえばゴミを出さずに済みますし、霧吹きしてトースターでそのまま温めると、まるで揚げたてのような驚きの食感に。

美と健康に、ちょっと良いおもてなし

美と健康を意識して、糖質や塩分を少し控えめに。低カロリーのものにする。……とはいえ当然、物足りなさや味気なさを感じられてはNG。食事が楽しくなくなってしまいます。味や香りの組み合わせを工夫すれば、華やかで豊かなおもてなし料理に変身します。減塩や糖質オフの強い味方は…旨味やスパイス、ハーブ、その他香りや酸味など。同じ減塩で糖質オフの食事でも、スパイスやハーブの香りがあるだけで、全然違います。例えば控えめの塩でも美味しいタジン鍋は、旨味×スパイスで華やかな美味しさになります。

季節に寄り添う丁寧な暮らし

人として女性として美しく生きるということが私の目標です。
それは、自然に寄り添い心豊かに丁寧に暮らすことからはじまります。
うつろう季節を五感で感じ、それらを暮らしに取り込むことで人は優しく
穏やかにそして強くなれると信じています。

春風に舞う桜吹雪、きらめく青葉、小鳥のさえずりや虫の音など…。
季節が運んでくる小さな幸せに心も弾みます。
どんなときでも暮れゆく空を眺めていると、大きな安心感に包まれます。
四季折々に変化する光と影、風や香り、咲き誇る花々……それらの全てを
確かに感じ受け止めたとき、それらが暮らしと響き合うとき、人は癒され
心安らかになれると思うのです。

そんな日々を積み重ね、どんなときでも優しさや思いやりを持って人に接
することができるよう、いつも笑顔で明るく前向きに頑張れるよう、そし
てそんな自分が周りの人々の心を明るくすることができるなら、この上な
い幸せだと思います。
これからも自分を取り巻く全ての方々にたくさんの幸せが溢れるようにと
願って、季節に寄り添う美しく丁寧な暮らしをお伝えしてまいります。

稲富 文恵　　Fumie Inatomi
空間コーディネーター

Coordination Academy Japan 秋篠野安生氏に師事し、テーブルコー
ディネート及び空間コーディネート、フラワーアレンジメントをトータルで
学ぶ。また古来より伝わる日本の美意識を現在の暮らしに役立てる "季礼"
及びそれを書で表現する季礼文字を学び、講師資格を取得。同校のディ
プロマ取得後、2000 年に Coordination・Plus f を開校し現在に至る。
ホテルやレストランのテーブルや空間、パーティー等を多数コーディネート。
ショップやサロンのディスプレイ実績も多数。

www.plusf.amebaownd.com

Photograph
Miyuki Suzuki

ジャスミン揺れるガーデンブランチ

ぽかぽかの春の陽気に誘われてテラスにテーブルを運び出す。
開き始めたジャスミンの白い花を春風が揺らす。
少し摘み取ってミントやローズマリーと共にテーブルを飾る。
穏やかな光に包まれて大切な人と囲む幸せな食卓。
特別なことなど何もないけれどゆるり流れる優しい時間。
ジャスミン揺れる遅い朝。

厚手のグラスや陶器の食器でカジュアル感とナチュラル感を強調

テラスで育てたミントやジャスミンを様々な形のガラスの小瓶に

やわらかな春の陽射しを受けて全てのものが輝いて見える

董色のイースター

優しい陽射しと春風が今年もイースターを運んでくる。
心待ちにしていた特別な日曜日、董色のテーブルで春の訪れを祝う。
イースターツリーに董色の卵を飾ったら、新しい春、新しい夢に向
かって笑顔も輝く。
幸せ溢れるイースターの午後、ときめきのティータイム。

それぞれに絵柄の違うティーセットには蝶や蜂も描かれている

菫色のナプキンを花形に折りパンジーの小花をあしらった

鳥の巣に見立てたリースにはスイトピーやアネモネなども入れた

子年　春立つ

頬を打つ風はまだ冷たいけれど、すぐそこまで来て
いる春を思い心も弾む。
凛とした清々しい空気の中で、心新たに迎える、
また巡りきた子年の立春、希望に輝く新しい春。
その昔　北斎の浮世絵にインスピレーションを得て
作られたという、それぞれ違う絵柄で鼠が描かれて
いるフランスの食器。
漆と合わせてジャポニズムでコーディネートした　慶
びに満ちた寿ぎの食卓。

6枚それぞれ違う絵柄の鼠のプレートは Au Bain Marie Paris

Soirée Sakura 桜夜会

新しい年が明けて間もなく、小さく硬い桜の芽を見てまだ遠い春を思う。
梅の香りが早い春を運んでくるころ、少しずつ膨らんでいく桜の芽に心
が躍る。ようやくほころび始めた桜のつぼみ。ひとつ、ふたつと花開き
やがて満開のときを迎える。出会いと別れ、喜びも悲しみも全てを包ん
で春風に舞う薄く儚い桜の花びら。
テーブルに走らせた和紙のランナーにも桜を描き、部屋中に満開の桜を
飾ったら　はらはらと舞う花びらの下で "Soirée Sakura 桜夜会 "。

Point

ピンクからうす紫の淡い色で
コーディネートし、桜の持つ可
憐さや儚さを表現。また、桜と
共にある思い出の全てを包み込
むような静かで優しい雰囲気作
りを心がけた。枝垂桜を描いた
白い和紙をテーブルランナーと
して使い、たくさんの桜とヒヤ
シンスやスイトピーなど香りの
良い春の花で華やぎを添えた。

シャンバーニュで乾杯の後、吹きガラスのワイングラスで日本酒を

重ね襟をイメージした縮緬のナプキンに桜を添えて

ガラスのワインクーラーにも桜の小枝をあしらって

233

piece
13

阿部真澄美

古伊万里絵皿と漆椀

美しい吉祥柄がお料理に趣を添える、明治時代の骨董器です。古伊万里の絵皿には松竹梅と宝尽くしが、朱塗りの漆椀には桐と蛸唐草が金彩で描かれ、日々の食卓でも縁起を大切にしてきた、日本人の豊かな感性を感じさせてくれます。

piece
14

小林知恵子

雄勝硯石の平皿

東京駅丸の内駅舎復元にも使用された、石巻市雄勝町で採れる雄勝石と呼ばれる天然石を使用。震災を乗り越えた高度な技と重厚感に、一流シェフのファンも多く、和・洋問わず大活躍の平皿です。

piece
15

西村浩子

さぬき庵治石硝子

瀬戸内海の蒼色を表現したパスタ皿。横から見たフォルムが何とも美しい。第四集では、爽やかなイメージを封印し、キャンドルの灯りで夜の食卓に。シーンによって使い分けが出来るガラス食器です。

制作　Rie Glass Garden　杉山利恵

piece
16

海野可代子

月の折敷

10年前に見つけた月の盆。器で隠された月。器を御下げしたときに現れる月に、ゲストの皆様は歓声を上げて下さいます。春の月。夏の月。秋の月。冬の月として一年じゅう楽しませてくれる折敷です。

piece
17

梨水さわ子

十文字草花唐草文 リム7寸皿

有田の染付作家、岩永浩さんの作品作りは、自らロクロを回し一点一点繊細に絵付される。一生モノの器として少しづつ揃えたい美しさ。北欧が香るこのデザインには一目惚れ。柑橘類を盛ってもよく映えます。一生モノの器として少しづつ揃えたい美しさです。

piece
18

藤倉淳子

文五郎窯の十草シリーズ

滋賀の信楽焼 文五郎窯 奥田章さんの作品。白と黒のスタイリッシュなデザインは和洋どちらにも使いやすい。料理がより一層おいしそうに見えます。料理教室でもおうちごはんでも大活躍。

piece

19

中村せい子

茶碗と茶托

しっかり焼しめた常滑焼の茶碗の内側は翠色の灰釉がかかったもの。煎茶、熱いほうじ茶や冷茶までも美味しくしてくれます。そして、沢栗の茶托は置く茶碗すべてを魅力的にする不思議な茶托です。

piece

20

後藤恭兵

紋カトラリー

新潟県燕三条で作られたスプーン＆ピック。伝統紋をモチーフにしたカトラリーで、和モダンな逸品。和菓子やピンチョス、カットフルーツなども挿し易く、とても便利に使えます。

piece

21

長坂美奈子

マルミツポテリの
クルヴァーレ5.5寸鉢

和食でも洋食でも合うこちらのシンプルなデザインの黒い器は、高台も少しあるため、何を盛り付けても、品があるディッシュに仕上がり、日常の食卓でも大活躍中です。

piece

22

島野ひとみ

美濃焼

岐阜の焼物。現地に足を運び実物を見て選ぶこともあります。和食、洋食どちらにも合わせやすくカジュアルにコーディネートできるデザインのものが好みです。

マルト水野陶器

piece

23

内田奈及子

アンティーク＆モダン
シルバー

シルバーは、陶磁器・ガラス・漆器など、どの食器とも相性が良い優秀なアイテムです。丁寧なお手入れで次の世代にも思い出と共に受け継ぐことができます。旅行のたびに増える我が家の宝物です。

piece

24

湯浅さおり

ガラスのお重

京都にある GLASS STUDIO さんにオーダーした作品です。日本の伝統模様とガラスという組み合わせが面白い逸品。和モダンのコーディネートはもちろん、どんなスタイルにも使えて重宝しています。

季

私たちに喜びと豊穣をもたらしてくれる季節（自然）。季は、のぎへん（稲穂を表す）に子どもと書きます。縄文時代後期より稲作と共にある日本ならではの考え方で、季節毎の豊穣や子孫繁栄などを幸せとしてきました。季節を意識した暮らし方は「癒し」や「喜び」をもたらしてくれることも多く、人としての「節理」を学ぶ機会でもあります。旬の食材を用いたお料理は「伝統的な健康食」をいただき元気になるということ。そういうことが人生の充実に繋がると信じ、学び合い、社会との繋がりを持ちながら、仲間たちと活動しています。

「気のおけない
友人たちとの新年会」

【テーブルコーディネート】
・スクエア皿（一真窯）
・染付小鉢（山本長左）
・染付ぐい飲み（中荒江道子）
・湯呑み（マイセン）
・テーブルセンター（西陣織）
・花器（IKEA）

「染付の器を使って」

【Menu】
・トマトの蜜漬け
・白花豆煮
・麩と瓜の酢の物
・和風トマトスープ
・角煮
・おいなりさん

「風薫るテーブル」

【Menu】
・にんじんスープ
・スペアリブのグリル
・海老のサラダ
・ハーブウォーター

沙和花　Sawaka

食卓スタイリスト
一般社団法人 季の文化継承協会理事
医食同源を意識した季節の料理と花を通
し「暮らしの美意識」を提案している。教
室のほか、講演、企業へのレシピ提案、雑
誌や「中日新聞社・冊子レインボー」など
のメディアへの掲載・寄稿も多数。「フラ
ワードームフラワーデザインコンテスト」金
賞ほか受賞多数。著書は GOURMAND
WORLD COOKBOOK AWARDS 2冠受賞。
GOURMAND WORLD SUMIT2019参加（パ
リ開催）。季の文化継承協会では、日本の
食文化の研究、季節の花と旬の料理を用い
た食卓スタイルの指導、食育、花あしらいな
どの普及活動をしている。
www.sawaka.design/
sawaka.design　沙和花
kinobunka　季の文化

春

弥栄かえる春。生物の全てが生き生きと活動
をし始めます。明るい黄色が合う季節。
冬の間に溜まった老廃物は、
春野菜や玄米でデトックス。

【料理】
・牛モモ肉岩塩焼き
・甘夏のサラダ
・玄米ご飯

【花】
・カーネーション
・アルストロメリア
・マトリカリア
・ジャスミン

夏

厳しい夏到来。風通しの良いお道具や、
冷感のあるガラス器などを用いて、
少しでも涼し気にと配慮します。身体に籠っ
た熱を取り除く食材や、精のつくお料理を。

【料理】
・トマトの和風スープ
・すき焼き風
・雲丹のせ

【花】
・トルコキキョウ
・アルストロメリア
・カスミ草
・アイビー

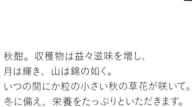

秋

秋酣。収穫物は益々滋味を増し、
月は輝き、山は錦の如く。
いつの間にか粒の小さい秋の草花が咲いて。
冬に備え、栄養をたっぷりといただきます。

【料理】
・鰆の照り焼き
・菊花和え
・無花果、ベーコン、
　ルッコラのサラダ

【花】
・都忘れ
・野ばらの実

冬

新年を迎え、寒さ厳しい中でも、
すぐ隣にある春を感じるころ。
雪の清らかさと凛とした風情をイメージ。
温かい食べ物に配慮します。

【料理】
・カシューナッツ炒め
・蟹と百合根和え
・もち米肉団子
・蓮根饅頭
・小豆粥

【花】
・オンシジウム
・松

日本の行事食

沙和花 著
A4 変形版 /80 ページ
定価 :1,848 円（税込）

五穀豊穣と無病息災を祈る伝統的な行事の意味と、食べることで完結する行事食。日本では幸せになる方法を伝統的な行事から学び踏襲してきました。行事の際にいただく食は全て健康へと繋がっているのです。本書ではレシピはもちろん、御道具、テーブルコーディネート、四季の花など食卓のしつらえも紹介しています。歳時を大切にしてきた"日本の暮らし"を見直す一冊。

グルマン世界料理本大賞 2018 おもてなし部門・世界 1 位
2019 年フランス UNESCO 本部にて展示、GOURMAND WORLD SUMIT 参加
2020 年グルマン世界料理本大賞 25 周年記念事業・BEST of the BEST 受賞

にっぽんの子ども食

沙和花 著
A4 変形版 /80 ページ
定価 :1,848 円（税込）

にっぽんの伝統的な習慣から、人生を豊かにする方法。社会に適応し、活躍しやすい子に育てる基本は、食卓からも。「食べる」時間をどの様に重ねていくのか。今、時代に求められている日本文化（季節感）を大切にした、大人から子どもまで楽しめる 62 のレシピをコラムと共に紹介します。日本の文化を大切にしたシリーズ第 2 弾。『子どもも大人も楽しめる 季節を感じる和のレシピ 子どもの幸せを願います』

グルマン世界料理本大賞 2020 デザイン部門・世界 1 位
2020 年グルマン世界料理本大賞 25 周年記念事業・25 周年記念事業・BEST of the BEST 受賞

GOURMAND WORLD COOKBOOK AWARDS in YANTAI

2018 年のグルマン世界料理本大賞は、中国煙台で行われました。オリンピック形式に、各国の代表が国旗を持ち参加者が一周するところから始まります。
煙台では野外に大舞台が設けられ、ドローンなど数台のカメラが設置され活気溢れる雰囲気。1 週間ほど続く会期中、趣向を凝らしたパーティが毎晩華やかに開催されました。

写真左上：グランプリに選ばれ、英語でスピーチ。
写真左下：会場客席の様子。一つの授賞式に約 200 ヵ国から参加があるのは本の出版界では他にない。
写真右：メディアや関係者など 500 名を招いた夜のパーティの準備。長く並べられたテーブルは先が確認できない。

グルマン世界料理本大賞とは

フランスのエドゥアール・コアントロー（Edouard Cointreau）氏が 1995 年に設立した賞。毎年、世界各国で出版されたハイレベルな料理本やワイン本に与えられる賞です。最終選考の会場には例年 200 ヵ国を超える国々から関係者が集う。著名人も多く来場、料理や飲食の試食・試飲、本のプレゼンテーションやサイン会など華やかな催しが多く執り行われます。世界唯一の料理本のコンクールで、アカデミー賞と云われています。賞の設立者はリキュール酒のコアントローで有名なコアントロー家の出身。フランス・パリを中心に世界中で展開されている料理菓子専門学校のル・コルドン・ブルーは、その一族による。

最上のおもてなし 4

発行日　2021 年 1 月 12 日　初版発行

定価　　本体 3,200 円 + 税

編集発行人　　白澤照司
編集　　　　　潟口 哲也
発行所　　　　株式会社 草土出版
　　　　　　　〒 171-0033　東京都豊島区高田 3-5-5
　　　　　　　ロイヤルパーク高田 206
電話　　　　　03-6914-2995
FAX　　　　　03-6914-2994
草土出版ホームページ　http://www.sodo.co.jp/

発売元　　　　株式会社 星雲社（共同出版社・流通責任出版社）
　　　　　　　〒 112-0005　東京都文京区水道 1-3-30
電話　　　　　03-3868-3275
FAX　　　　　03-3868-6588

印刷　株式会社 博文社

カバー　作品 / 西村浩子
　　　　撮影 / 藤井照二
　　　　（藤井写真館）

STAFF

AD・デザイン　久保多佳子（haruharu）
編集　　　　　石島隆子